राष्ट्रकूटवंशतिलक

अमोघवर्ष

का इतिहास

राष्ट्रकूटवंशतिलक

अमोघवर्ष का इतिहास

दीनबन्धु पाण्डेय

वाणी प्रकाशन

प्रकाशन के उत्कृष्टतम 62 वर्ष

vaniprakashan.com

सजिल्द पहला संस्करण : 2025

वाणी प्रकाशन
4695, 21-ए, दरियागंज, नयी दिल्ली-110 002
फ़ोन : + 91 11 23273167, 23275710
शाखाएँ
अशोक राजपथ, पटना-800 004, बिहार
कॉफ़ी हाउस कैम्पस, महात्मा गांधी मार्ग, प्रयागराज-211 001, उत्तर प्रदेश
महात्मा गांधी अन्तरराष्ट्रीय हिन्दी विश्वविद्यालय, वर्धा-442 001, महाराष्ट्र
sales@vaniprakashan.in
vaniprakashan@gmail.com

Rashtrakootavanshatilak Amoghavarsh ka Itihaas
by Prof. Deena Bandhu Pandey

ISBN : 978-93-5775-272-5
History

मूल्य : ₹ 350

जी.एस. ऑफ़सेट, दिल्ली-110 095 में मुद्रित
वाणी प्रकाशन का लोगो मक़बूल फ़िदा हुसैन की कूची से

जवखेड अभिलेख की मुद्रा

विध्वस्तैकान्तपक्षस्य स्याद्वादन्यायवादिनः।
देवस्य नृपतुङ्गस्य वर्धतां तस्य शासनम्।।

—महावीरकृत *गणितसारसङ्ग्रह*
(मङ्गलाचरण, श्लोक 8)

अदहदमोघवर्षोऽरातीन

—***शाकटायनव्याकरण***, अमोघवृत्ति
(सूत्र ख्याते दृश्ये, 4.3.208 के उदाहरण रूप में)

सर्प्पं पातुमसौ ददौ निजतनुं जीमूतकेतोस्सुतः
श्येनायाथ शिबिः कपोतपरिरक्षार्थं दधीचोऽर्थिने।
तेप्येकैकमतर्प्पयन्किल महालक्ष्म्यै स्ववामाङ्गुलिं
लोकोपद्रवशान्तये स्म दिशति श्रीवीरनारायणः।।

—सञ्जान अभिलेख, *एपिग्राफिया इण्डिका,*
(भाग 18, पृष्ठ 248, श्लोक 47)

हत्वाभ्रातरमेव राज्यमहरद्देवीं च दीनस्ततो
लक्षं कोटिमलेखयत्किल कलौ दाता स गुप्तान्वयः।
येनात्याजि तनुः स्वराज्यमसकृद्बाह्यात्यर्थकः का कथा
ह्रीस्तस्योन्नतिराष्ट्रकूटतिलको दातेति कीर्त्यामपि।।

—सञ्जान अभिलेख, *एपिग्राफिया इण्डिका,*
(भाग 18, पृष्ठ 248, श्लोक 48)

अनन्तभोगस्थितिरत्र पातु वः प्रतापशील प्रभवोदयाचलः।
सुराष्ट्रकूटोर्ज्जितवंशपूर्व्वजस्य वीरनारायण एव यो विभुः।।

—कोन्नूर अभिलेख, *एपिग्राफिया इण्डिका,*
(भाग 6, पृष्ठ 36, श्लोक 2)

प्राक्कथन

काशी हिन्दू विश्वविद्यालय के छात्र-जीवन वर्ष 1966 ई. में प्रोफ़ेसर अवध किशोर नारायण के निर्देशन में राष्ट्रकूट वंश के तिलक अमोघवर्ष के इतिहास की पुनर्रचना का अवसर मिला था। प्रस्तुत प्रारूप उस बीजरूप का उपबृंहित स्वरूप है।

अमोघवर्ष के इतिहास का अध्ययन आरम्भिक रूप से अमोघवर्ष की *प्रश्नोत्तरमालिका* (अपरनाम *रत्नमालिका*) एवं नृपतुङ्ग के रूप में उनकी *कविराजमार्ग* नामक रचनायें और *कसायपाहुड* नामक ग्रन्थ पर वीरसेन रचित *जयधवला टीका* और अमोघवर्ष के छः ताम्रपत्राभिलेखों (संजान, नीलगुंड, तरसादी, कोन्नूर, जवखेड और सिरूर) से प्राप्त प्रमुख सामग्री पर आधारित है। इतिहास संशोधन एवं पुनर्रचना की दृष्टि से आर. जी. भण्डारकर (1893 ई.) एवं विशेषतः प्रो. अनन्त सदाशिव अल्तेकर (1934 ई. एवं परवर्ती लेखन) तथा दिनेश चन्द्र सरकार (1955 ई.) के योगदान सराहनीय हैं। अवध किशोर नारायण जी के निर्देशानुसार कार्य सम्पादन में कई नवीन धारणायें दृष्टिपथ को आलोक करती मिलीं। पूर्व एवं नवीन इतिहासवृत्त प्रस्तुत रूप में इतिहास के अध्येताओं के लिये अवश्य ही आकर्षण के केन्द्र होंगे।

कोन्नूर अभिलेख के 29वें से 31वें श्लोक के पुनरीक्षण में प्रो. विश्वम्भर शरण पाठक, प्रो. लक्ष्मीकान्त त्रिपाठी एवं डॉ. रामअधार पाठक तथा पं. श्यामाचरण त्रिवेदी के प्रति कृतज्ञता ज्ञापन अपना कर्तव्य समझता हूँ। श्रीमती नीलम जैन को परिशिष्ठ भाग में महत्वपूर्ण तथ्यों के अवदान हेतु हृदय से धन्यवाद है।

राष्ट्रकूटवंशतिलक अमोघवर्ष का अनुसन्धानपूर्ण समग्र इतिहास के प्रकाशनार्थ वाणी प्रकाशन, दिल्ली एवं संस्था प्रमुख अरुण माहेश्वरी का हृदय से धन्यवाद करता हूँ।

—**दीनबन्धु पाण्डेय**

विश्रुत इतिहासकार

(स्वर्गीय)

प्रोफेसर अवध किशोर नारायण

प्राचार्य

भारती महाविद्यालय

काशी हिन्दू विश्वविद्यालय

को सादर समर्पित

विषय-सूची

अध्याय 1

अमोघवर्ष के शासन के पूर्व की पृष्ठभूमि

वातापी (बादामी) के चालुक्य शासक विजयादित्य द्वितीय (733-747 ई.) की मृत्यु के उपरान्त राष्ट्रकूट सामन्त दन्तिदुर्ग ने गुर्जर और मालव देश को विजित करके मध्य एवं दक्षिण गुजरात तथा पूरे मध्य प्रदेश के क्षेत्र पर लगभग 750 ई. तक अपना आधिपत्य जमा लिया। ई. 753 के अन्त में चालुक्य शासक कीर्तिवर्मन् द्वितीय को खानदेश में हुए युद्ध में परास्त करके दन्तिदुर्ग ने स्वतन्त्र राष्ट्रकूट शासन की नींव डाली। दन्तिदुर्ग के उपरान्त उसके पुत्र कृष्ण प्रथम (लगभग 758-780 ई.) एवं द्वितीय पौत्र ध्रुव (लगभग 780-763 ई.) ने राज्य किया।

राष्ट्रकूट वंश का प्रतापी शासक गोविन्द तृतीय (लगभग 763-814 ई.) अपने दिग्विजय अभियान के दौरान उत्तरी भारत एवं पूर्वी भारत के शासकों को परास्त करता हुआ जब पश्चिम की ओर बढ़ा तो विन्ध्यपाद के श्रीभवन नामक नगर के शासक शर्व ने उसकी आव-भगत अपनी राजधानी में की। गोविन्द तृतीय ने वर्षाकाल का अधिकांश श्रीभवन में ही व्यतीत किया। इस विश्राम काल में गोविन्द तृतीय को पुत्र रत्न की प्राप्ति हुई। इस बालक का नाम शर्व रखा गया।[1] यही बाद में अमोघवर्ष के नाम से प्रसिद्ध हुआ। गोविन्द तृतीय के उत्तरी अभियान की समाप्ति लगभग 800 ई. तक हो गयी थी।[2] अतः शर्व के जन्म की तिथि लगभग 801 ई. मानी जा सकती है।

---

1 सञ्जान अभिलेख *एपिग्राफिया इण्डिका*, भाग 18, पृष्ठ 245-6, श्लोक 25-6।
प्रत्यावृतः प्रातिराज्यं विधेयं कृत्वा रेवामुत्तरं (रां) विन्ध्यपादे।
कुर्वन्धर्मान्कीर्त्तनैः पुण्य (वृ) न्दैरध्यष्टात्तान्सो (स्वो) चितां राजधानी (नीं)।।
मण्डलेश (शो) महाराज (जः) सर्व्वस्व (शर्व्वः स्वो) यदभूभुवः।
महाराजसर्व्व(शर्व्वः) स्वामी भावी तस्य सुतोजनि।।

2 द्रष्टव्य, ए.एस. अल्तेकर, *दि एज ऑफ इम्पीरियल कनौज,* आर.सी. मजुमदार एवं अन्य सम्पादित, बम्बई, 1964, पृष्ठ 8 पृष्ठ 18 पर पादटिप्पणी 17 भी।

उत्तर, पूर्व एवं मध्य भारत की विजय के उपरान्त गोविन्द तृतीय को दक्षिण में पल्लव, पाण्ड्य, केरल एवं गङ्ग शासकों के उठ खड़े हुए विरोधी गुट को पुनः परास्त करने जाना पड़ा।[1] दक्षिण की ये विजयें[2] 802 ई. के अन्त से पहले ही पूरी हो चुकी थीं।[3] गोविन्द तृतीय इन दक्षिण भारतीय विजयों के उपरान्त शान्तिपूर्वक शासन करता रहा। 814 ई. तक उसके शासन काल में किसी प्रकार की अशान्ति की बात किसी स्रोत से ज्ञात नहीं होती। गोविन्द तृतीय की राजनीतिज्ञता एवं उसके दृढ़ शासन का ही परिणाम माना जाना चाहिए कि अपने राज्य के चारों ओर के पड़ोसी शासकों को पराजित करके उसने अपने अन्तिम बारह वर्ष शान्तिपूर्वक व्यतीत किये। यह सारी शान्ति गोविन्द तृतीय के व्यक्तित्व का परिणाम थी। सम्भवतः उसके सामन्त एवं करद शासक केवल दिखावे के लिये ही राष्ट्रकूट सत्ता की अधीनता स्वीकार किये हुए थे जैसा कि गोविन्द तृतीय के उपरान्त पुत्र की बाल्यावस्था का लाभ उठाकर सामन्तों द्वारा विरोध कर राजसत्ता अपने हाथों ले लेने की घटना[4] से जान पड़ता है। अमोघवर्ष के शासन के प्रारम्भ की यह घटना गोविन्द तृतीय के काल से ही चले आते सामन्तों एवं अधीनस्थ शासकों के असन्तोष एवं विरोधी तथा विद्रोही प्रवृत्तियों का द्योतन करती है।

---

1. सञ्जान अभिलेख, *एपिग्राफिया इंण्डिका,* भाग 18, पृष्ठ 246, श्लोक 30।
2. वही, श्लोक 32।
3. द्रष्टव्य, ए.एस. अल्तेकर, *दि एज ऑफ इम्पीरियल कनौज,* पृष्ठ 81।
4. द्रष्टव्य, 'अशान्ति एवं उपद्रव का आरम्भ' उत्तरांश, अध्याय 5 पृष्ठ 22।

अध्याय 2

गोविन्द तृतीय का स्वर्गवास

गोविन्द तृतीय के तोर्खेडे अभिलेख की तिथि 14 दिसम्बर 812 ई. है।[1] गोविन्द तृतीय के शासन काल की यह अन्तिम ज्ञात तिथि है। इस बात की सम्भावना की पुष्टि अमोघवर्ष के सिरूर अभिलेख से प्राप्त तिथि से भी होती है। सिरूर अभिलेख की तिथि ज्येष्ठ शुक्ल 1, शक सम्वत् 788 अमोघवर्ष के 52वें शासन-वर्ष की कही गयी है।[2,3] इससे यह स्पष्ट है कि अमोघवर्ष का शासन शक सम्वत् 788 से लगभग 52 वर्ष पूर्व प्रारम्भ हुआ। गणनानुसार 51 वर्ष पूर्व की उपर्युक्त तिथि शक सम्वत् 737 में पड़ेगी। यह तिथि मई या जून 815 ई. में पड़ती है। इस समय तक अमोघवर्ष का प्रथम शासन-वर्ष पूरा हो चुका होगा। अतः अमोघवर्ष का सिंहासनारोहण मई-जून 813 ई. से मई-जून 814 ई. के बीच ही कभी हुआ होगा। इस प्रकार गोविन्द तृतीय की मृत्यु 814 ई. के प्रारम्भ में हुई जान पड़ती है।

---

1. *एपिग्राफिया इण्डिका,* भाग 3, पृष्ठ 54, पंक्ति 1-2।
   शक नृपकालातीत सम्वत्सरशतेषु सप्तसु पञ्चतृं(त्रि)शत्यधिकेषु पौष शुद्ध सप्तम्यामंकतोपि 735 नन्दनसंवत्सरे पौषः 7 (शक सम्वत् 735, पौषः शुक्ल 7 = 14 दिसम्बर 812 ई.)।
2. *इण्डियन एण्टिक्वेरी,* भाग 12, पृष्ठ 216, पंक्ति 15-16, 16-20।
   शकनृपकालातीतसंवत्सरंगल(एल नूड)ण भट्टटेणटनेय व्ययमेम्ब स(सं)वत्सरं प्रवर्त्तिते।
   [जे(ज्ये)ष्ट(ष्ठ) मासादम(मा) सेयुमादित्यवार (मु) मागे सूर्यग्रहणदन्दु सूर्यग्रहण, रविवार।
3. वही, पंक्ति 16-17।
   श्रि(श्री)मदमोघवर्ष नृपतुंङ्गनामाङ्कितना विजयाराज्यप्रवर्द्द (द्ध)
   मानसंवत्सरंगळयवत्तेरडुमुत्तरोत्तरं राज्याभिवृद्धि सलुत्तिरे (।)
   (अमोघवर्ष के शासन का 52वाँ वर्ष)।

अध्याय 3

अमोघवर्ष का सिंहासनारोहण

अमोघवर्ष की राज्य भार वहन की योग्यता

गोविन्द तृतीय की मृत्यु के समय (814 ई. का प्रारम्भ)[1] सञ्जान अभिलेख के अनुसार उसका पुत्र शर्व राज्य-भार वहन करने के योग्य था।[2] शर्व का जन्म गोविन्द तृतीय की उत्तरी भारत के विजयों के उपरान्त हुआ था जिसकी तिथि ए.एस. अल्तेकर ने पहले 808 ई. मानी थी।[3] इस तिथि के अनुसार गणना करके उन्होंने सिंहासनारोहण के समय शर्व की आयु लगभग 6 वर्ष मानी थी।[4] शर्व की यह आयु सञ्जान अभिलेख द्वारा प्रस्तुत तथ्य के विपरीत पड़ती थी। अल्तेकर ने सञ्जान अभिलेख के उपरिसन्दर्भित श्लोक को वस्तुस्थिति से दूर साहित्यिक वर्णन मान कर इस समस्या का समाधान किया।[5] बाद में गोविन्द तृतीय की विजयों के कालक्रम पर उन्होंने पुनर्विचार करके नया मत प्रस्तुत किया कि गोविन्द तृतीय की उत्तरी भारत की विजयें लगभग 800 ई. तक समाप्त हो चुकी थीं।[6] इसके अनुसार उन्होने सिंहासनारोहण के समय शर्व की आयु

---

1. द्रष्टव्य, 'गोविन्द तृतीय का स्वर्गवास' पूर्वांश, अध्याय 2, पृष्ठ 15।
2. *एपिग्राफिया इण्डिका,* भाग 18 पृष्ठ 246-7 श्लोक 35
   यास्या (व्याप्ता) कीर्त्तिस्तृलोक्या (स्त्रिलोकीं) न्निंज (निज) भुवनभरं
   भर्त्तुमासीत्समर्थः पुत्रश्चास्माकमेकस्सफलमितिकृतं ज्जन्म (जन्म) धर्म्मेनेकैः।
   किं कर्त्तु(र्त्तुं) स्थेयं (स्थेय) मस्मिन्निति विमल पुण्यशो(सो)पानमार्ग
   स्वर्ग्गप्रोत्तंङ्गसौध(धं) प्रतिरदनुपमः (यद्) कीर्त्तिम्रे(मे)वानुयान्तः(तः)।।
3. *दि राष्ट्रकूटज एण्ड देयर टाइम्स,* पूना, 1934, पृष्ठ 68।
4. वही, पृष्ठ 72।
5. वही, पृष्ठ 72 पाद टिप्पणी।
6. *दि एज ऑफ इम्पीरियल कनौज,* पृष्ठ 18 पर पाद टिप्पणी 17 भी द्रष्टव्य।

13-14 वर्ष मानी।[1] इस आयु में सञ्जान अभिलेख में शर्व का राज्य-भार वहन करने योग्य कहा जाना असंगत नहीं माना जाना चाहिए। इस समय तक शर्व अमोघवर्ष का विवाह हो चुका था अथवा नहीं, इस सम्बन्ध में निश्चित रूप से कुछ नहीं कहा जा सकता। उसकी छोटी ही आयु में पिता की मृत्यु एवं उसके सिंहासनासीन होने के कुछ ही समय उपरान्त उठ खड़ी हुई राजकीय परेशानियों के कारण बहुत सम्भव है कि उसका विवाह बाद में हुआ हो। इस बात की सम्भावना असङ्गत नहीं जान पड़ती कि अमोघवर्ष का विवाह उसके शासन की प्रारम्भकालीन प्रशासकीय कठिनाइयों की समाप्ति के उपरान्त हुआ हो।[2]

राजधानी मान्यखेट

अमोघवर्ष का सिंहासनारोहण उसके पिता गोविन्द तृतीय की राजनगरी[3] में ही हुआ होगा। इस राजनगरी के सम्बन्ध में कोई स्पष्ट जानकारी नहीं है। अमोघवर्ष के जवखेड अभिलेख के आधार पर डी.आर. भट ने निस्वपुरक नामक स्थान को अमोघवर्ष की पूर्व राजधानी मानने का सुझाव दिया है,[4] जहाँ से बाद में राजधानी मान्यखेट नामक स्थान (वर्तमान मालखेड) लायी गयी। भट द्वारा निस्वपुरक के सम्बन्ध में विभिन्न विद्वानों द्वारा प्रस्तुत किये गये मतों में एक वृद्धि के अतिरिक्त कुछ और नहीं जान पड़ता। कर्क द्वितीय के कर्डा अभिलेख से यह ज्ञात होता है कि राष्ट्रकूटों की राजधानी मान्यखेट जो इन्द्र की राजधानी से भी अनुपम थी, की स्थापना अमोघवर्ष ने की। मान्यखेट को गुलबर्ग जिले के वर्तमान मालखेड से पहचाना गया है। अमोघवर्ष का प्रासाद विशद् अन्तःपुर एवं तड़ाग से युक्त निर्मित किया गया था।[5]

---

1. वही, पृष्ठ 8।
2. द्रष्टव्य, आगे अध्याय 6, पृष्ठ 23।
3. अमोघवर्ष द्वारा स्थापित मान्यखेट नामक राजधानी से पूर्व की राष्ट्रकूट राजधानी के सम्बन्ध में निश्चित रूप से कुछ भी ज्ञात नहीं है। इस सम्बन्ध में विद्वानों ने मान्यखेट, मयूरखिण्डि, नासिक, लाटूर, पैठान, एलिचपुर, सूलूबुञ्जन नामक स्थानों की राजधानी होने की सम्भावना पर विचार किया है (द्रष्टव्य, ए.एस. अल्तेकर, *दि राष्ट्रकूटज एण्ड देयर टाइम्स*, पृष्ठ 45-8)।
4. *एपिग्राफिया इण्डिका*, भाग 32, पृष्ठ 130। डी.सी. सरकार ने निस्वपुरक को एक ग्राम-नाम मात्र स्वीकृत किया है (वही, पादटिप्पणी 3)।
5. कर्क द्वितीय का कर्डा अभिलेख, *इण्डियन एण्टिक्वेरी*, भाग 12, पृष्ठ 264-5, पंक्ति 13, 14-5।

तस्य श्रीमद्मोवर्षनृपतिश्चालुक्यकालानलः।

(टिप्पणी का शेषांश पृष्ठ 18 पर देखें)

अमोघवर्ष के विभिन्न विरुद

शर्व की प्रसिद्धि अमोघवर्ष नाम से रही।[1] इतिहास में वह अमोघवर्ष के नाम से जाना जाता है। अमोघवर्ष ने नृपतुङ्ग, महाराज षण्ड, वीरनारायण, अतिशयधवल, त्रिभुवनवल्लभ, दुर्लभ, कृतकृत्यमल्ल, नरलोकचन्द्र, नीतिनिरन्तर, नित्यमल्लवल्लभ, रट्टमार्तण्ड, गुर्जरनरेन्द्र उपाधियाँ भी धारण की।[2]

....

आसीदिन्द्रपुराधिकं पुरमिदं श्रीमान्यखेटाभिधानं।
येनेदं च सरः कृतं गुरुकरुप्रासादमन्तःपुरं।।

1. कृष्ण तृतीय के कार्हाड (*एपिग्राफिया इण्डिका*, भाग 4, पृष्ठ 283, श्लोक 13) एवं देओली अभिलेख (वही, भाग 5, पृष्ठ 163, श्लोक 12) से भी इसकी पुष्टि होती है।

यो मान्यखेटममरेन्द्रपुरोपहासि
गीर्व्वागर्व्वमिव शर्व्वयित(तुं) व्यधत्त।

2. द्रष्टव्य, *एपिग्राफिया इण्डिका*, भाग 6, पृष्ठ 174 एवं आगे; *इण्डियन एण्टिक्वेरी*, भाग 33, पृष्ठ 197; *साउथ इण्डियन इंस्क्रिप्शंस*, भाग 11, खण्ड 1, पृष्ठ 4; *कसायपाहुड*, जयधवला टीका सहित, फूलचन्द एवं अन्य सम्पादित, मथुरा, 1944 भाग 1 प्रस्तावना, पृष्ठ 73-74; *एपिग्राफिया इण्डिका*, भाग 32, पृष्ठ 130; *जर्नल ऑफ दि ओरियन्टल इंस्टिच्यूट*, बड़ोदा, भाग 20, संख्या 2, पृष्ठ 161; गुर्जरनरेन्द्र विरुद के सम्बन्ध में अमोघवर्ष के व्यक्तित्व का मूल्यांङ्कन : योद्धा एवं कला और साहित्य का संरक्षक शीर्षक उत्तरांश की अन्तिम पाद टिप्पणी 2, आगे अध्याय 14, पृष्ठ 48 भी द्रष्टव्य।

अध्याय 4

अमोघवर्ष के शासन के प्रारम्भिक दिन

ऐसा जान पड़ता है कि गोविन्द तृतीय ने गुजरात शाखा के राष्ट्रकूट शासक अपने भाई इन्द्र के पुत्र कर्क सुवर्णवर्ष को अमोघवर्ष के संरक्षक के रूप में नियुक्त किया था। यह बात कर्क सुवर्णवर्ष के सूरत अभिलेख[1] तथा गुजरात शाखा के राष्ट्रकूटों के अन्य अभिलेखों से भी अनुमानित होती है। सूरत अभिलेख में अमोघवर्ष के राज्य को सङ्घटित करने का श्रेय कर्क सुवर्णवर्ष को दिया गया है।[2] अमोघवर्ष के सञ्जान अभिलेख में यह श्रेय पातालमल्ल को दिया गया है।[3] भगवान लाल इन्द्र जी का यह मत था कि पातालमल्ल कर्क सुवर्णवर्ष का ही विरुद था।[4] इस सम्बन्ध में ए.एस. अल्तेकर ने भी यही मत निर्धारित किया है।[5]

अमोघवर्ष के शासन के प्रारम्भिक दिनों में राज्यकार्य ढङ्ग से चल रहा था, जैसा कि 817 ई. में लिखवाये गये कर्क सुवर्णवर्ष के नौसरी अभिलेख से ज्ञात

---

1. द्रष्टव्य, *एपिग्राफिया इण्डिका,* भाग 21, पृष्ठ 143, श्लोक 37, 36।
   श्री कर्कराज इति रक्षिरात (रक्षित) राज्यभारस्मारकुलस्य तनयो नयशालिसौ(शौ)र्य्यः।
   श्वे (स्वेच्छा) (च्छ्रा) गृहीतविषया(न्) दृढ़सङ्घभाजः
   प्रोद्वृत्तदृप्ततरशैक्लि(शोल्किक) तराष्ट्रकूटानु
   त्खातखड्गनिजवा (बा)हु व(ब)लेन जित्वा।
   योमोघवर्षमचिरात्स्वपदे व्यधत्त।।
2. वही।
3. *एपिग्राफिया इण्डिका,* भाग 18, पृष्ठ 247, श्लोक 41।
   सोयं गुरुबु(बु)ध मनुयातस्सार्य (सोर्य)
   पातालमल्लादुदयगिरिमहिम्नो रट्टमर्ताण्डदेवः।
4. *बाम्बे गजेटियर,* भाग 1, खण्ड 1, बम्बई, 1897, पृष्ठ 124।
5. *दि राष्ट्रकूटज एण्ड देयर टाइम्स,* पृष्ठ 72-73 पादटिप्पणी 31।

होता है।[1] इस अभिलेख में अमोघवर्ष ही शासक के रूप में उल्लिखित है।[2] इस प्रकार 816-7 ई. तक अमोघवर्ष के शासन में किसी प्रकार के उपद्रव, अशान्ति एवं सामन्तों आदि के स्वतन्त्र होकर राज्य करने का सङ्केत नहीं प्राप्त होता।

---

1. *दि जर्नल ऑफ दि बाम्बे ब्रांच ऑफ दि रायल एशियाटिक सोसाइटी*, भाग 20, पृष्ठ 136, श्लोक 26-30।

   तत्पुत्रोत गते नाकमाकम्पितिरिपुव्रजे।
   श्री महाराजशर्व्वाख्यः ख्यातो राज भवद्गुणैः।।
   अर्त्थिषु यथार्थता यः समभीष्टफलाब्ति(प्ति) लब्धतोषेषु।
   वृद्धिं निनाय परमामोघवर्षाभिधानस्य।।

2. वही श्लोक 30।

अध्याय 5

अशान्ति एवं उपद्रव का आरम्भ

अमोघवर्ष के शासनकाल में कुछ विरोधी शक्तियों के उठ खड़े होने की बात कुछ राष्ट्रकूट अभिलेखों से ज्ञात होती है। इस परिस्थिति का उल्लेख ध्रुव प्रथम के 835 ई. में लिखवाए गये बड़ोदा अभिलेख[1] एवं कर्क सुवर्णवर्ष के 821 ई. में लिखवाए गये सूरत अभिलेख[2] में प्राप्त होता है जिनमें कर्क सुवर्णवर्ष द्वारा अमोघवर्ष को सिंहासन पर पुनरासीन किए जाने की बात कही गयी है। कर्क सुवर्णवर्ष के 817 ई. के नौसारी अभिलेख[3] में किसी प्रकार के उपद्रव की चर्चा नहीं है। अतः उल्लिखित विद्रोह 817 से 821 ई. के बीच कभी हुआ। अमोघवर्ष के सञ्जान अभिलेख से यह ज्ञात होता है कि राजपरिवार में झगड़े शुरू हो गये थे, मन्त्रीगण राज्य के प्रति उदासीनता बरतते थे, गङ्ग शासक ने स्वतन्त्रता घोषित कर दी थी और उपद्रवी सामन्तों ने राजकीय हत्याएँ तक कीं।[4]

---

1. *इण्डियन एण्टिक्वेरी,* भाग 14, पृष्ठ 166, श्लोक 10।
2. *एपिग्रफिया इण्डिका,* भाग 21, पृष्ठ 141, श्लोक 37, 36 (उपर्युद्धृत)।
3. दि जर्नल ऑफ दी बाम्बे ब्रांच ऑफ दि रायल एशियाटिक सोसाइटी, भाग 20, पृष्ठ 133 एवं आगे।
4. *एपिग्राफिया इण्डिका,* भाग 18, पृष्ठ 247, श्लोक 36-6।

व(ब)न्धूनां व(ब)न्धुराणामुचितनिजकुले पूर्व्वजानां(म)प्रजानां
जातानां बल्लभानां भुवनभरितसत्कीर्त्तिमूर्तिस्थितां(तानाम्) (।)
त्रातुं कीर्ति(श्च) सलोका कलिकलुषमथो हंतुमतो रिपूणां
श्रीमान्स(श्च) हासनोस्थो वु(बु) धनुचरितोमोघवर्ष(:) प्रशास्ति।।
त्त्रा (त्रा) तु(श्च) नम्रन्विजेतु रणशिरसि परान्प्राथ(र्थ) केभ्य
प्र(ा)दातुं निर्व्वोढुं रूढ़िसत्यं धरणिपरिवृढ़ो नेदृशोन्यः (समर्थः) (।)
इत्थं प्रोत्थाय सार्थ पृथुरवपदढक्कादिमन्द्रप्रघोषो
यस्यो(स्ये) न्द्रस्येव नित्यं ध्वनति कलिमलध्वन्सि (ध्वंसि) नो मन्दिराग्रे।।
दृष्ट्वा तन्नवराज्यमूर्ज्जि(त) वृ(बृ)हद्धर्म्मप्रभावं नृपं
भूय (:) षोड़शराज्यत्कृतयुग प्रा(युगप्रा)रम्भ इत्याकुलः (।)

यह उपद्रव गम्भीर एवं कुछ अर्से तक रहा होगा। इसी अभिलेख में अमोघवर्ष रूपी सूर्य के अस्त होने एवं उसके पुनः उदय होने की बात कही गयी है,[1] जिससे अमोघवर्ष के शासन के कुछ समय के लिए समाप्त हो जाने की बात जान पड़ती है। इस बात की पुष्टि कृष्ण द्वितीय के 610 ई. के कापडवंज अभिलेख से भी होती है जिसमें अमोघवर्ष द्वारा खोए हुए राज्य की पुनर्प्राप्ति का उल्लेख है।[2] विरोधी शक्तियों की सक्रियता सम्भवतः इस कारण बढ़ गयी होगी कि अमोघवर्ष अभी किशोर ही था। सामन्तों एवं मन्त्रियों ने शासक की अल्पायु का लाभ उठाते हुए अपने-अपने स्वार्थ को साधना चाहा होगा। उनका असन्तोष बहुत सम्भव है गोविन्द तृतीय के समय से ही रहा हो जो अमोघवर्ष की अल्पायु का लाभ लेकर प्रत्यक्ष हो उठा।

नश्यन्नन्तरनुप्रविश्य विषमो मायामयोसौ कलिः
सामन्तान्सचिव(वा)न्स्ववा (बा)न्धवजनानक्षोभयत्स्पीकृताम्(न्)।।
शठमत्त्रं (न्त्रं) प्रविधाय त्कू(कू)टशपथैरोशस्वतंत्रा(त्राः) स्वयं
विनिहत्योचितयुक्तकारिपुरुषान्सर्व्वे स्वयंग्राहिणः।
परयोषिद्(द)हिता स्वसेति न पुनर्भेद पशूनामिव
प्रमुरेवं कलिकालमि(इ)त्यवसितं सद्वृत्तमुधृत्तः(द्धृतः)।।

1. वही, श्लोक 40-41।
विततमहिमधाम्नि व्योम्नि संहृत्य धाम्नातिवर्ति महातीन्द्रोमण्डलं।
उदयमहिमभाजो भ्राजितास्सप्रतापे विरतवति विजिह्माश्चोर्ज्जितास्तावदेव(ः)।।
गुरुवु(बु)धमनुयातस्सार्यपातालमल्लादुदयगिरिमहिम्नो रट्टमार्तण्डदेवः।
पुनरुदयमुपेत्योधृ(द्ध)त्ततेजस्विचक्रं प्रतिहतमथ कृत्वा लोकमेक(ः) पुनाति।।

2. *एपिग्राफिया इण्डिका*, भाग 1, पृष्ठ 54, श्लोक 6।
सुनुत(स्त)स्यातिवीरः सकलगुणगणाकारभूतो वभूव (ः)
भूपालात्कंटिकाभि(न्कण्टकाभान) सपदि घिटितान्वेष्ट्व(ष्ठ)यित्वा ददाह।
राज्यं यस्या(श्चा)भिमानी रि(नि) जमपि चालितं वाहुवीर्योदधा(वा)प
पृथ्वीमेकातपतां(त्रा)मकुरुत वलवान् श्रीमहाराजषण्डः।।

अध्याय 6

अमोघवर्ष के समय के चालुक्य राष्ट्रकूट सङ्घर्ष की परिणति

गोविन्द तृतीय के बाद चालुक्य शासन का पुनरोद्‌भव

चालुक्य शासक विजयादित्य द्वितीय को गोविन्द तृतीय ने 802 ई. के पूर्व ही पराजित किया था और चालुक्य राज्य को उसके छोटे भाई भीम सालुक्कि के हाथों दे दिया था।[1] गोविन्द तृतीय के समय में चालुक्यों की शक्ति दबी रही, किन्तु विजयादित्य द्वितीय अपना राज्य पुनः लेने की तैयारी में लगा रहा और अमोघवर्ष के शासन के प्ररम्भ में उसकी किशोरावस्था एवं राष्ट्रकूट राज्य के उपद्रव तथा अशान्ति का लाभ उठाते हुए उसने भीम सालुक्कि से अपना राज्य वापस ले लिया। इस अवसर पर विजयादित्य द्वितीय ने अपनी पूर्व पराजय का भरपूर बदला लिया। चालुक्य समुद्र में राष्ट्रकूट शासन के डूब जाने तक की बातें कही गयी हैं।[2] पूर्वी चालुक्यवंशी अम्म प्रथम के एडेरु अभिलेख में विजयादित्य द्वितीय के राष्ट्रकूटों एवं गङ्गों से होने वाले बारहवर्षीय युद्ध के विषय में कहा गया है। इस युद्ध के कुल 108 युद्धों के होने का उल्लेख है।[3] चालुक्यों का राष्ट्रकूट राज्य पर बहुत दिनों तक अधिकार नहीं रह पाया। इन्द्र तृतीय के बगुमरा अभिलेख में विजयादित्य द्वितीय की राष्ट्रकूट राज्य को अपने हाथ में बनाये रखने की असफलता का उल्लेख हुआ है। इस अभिलेख में कहा गया है

1. द्रष्टव्य, *दि एज ऑफ इम्पीरियल कनौज*, पृष्ठ 8 एवं 134।
2. वही, पृष्ठ 134।
3. *साउथ इण्डियन इंस्क्रिप्शंस*, भाग 1, पृष्ठ 36, श्लोक 2-3।
   गंङ्गारट्टबलैस्सार्द्धम्द्वादशाब्दानह(हा)र्निशम् (।)
   भुजार्ज्जिबलखङ्गसहायो नयविक्रमैः (॥)
   अष्टोत्तरं युद्धशतम् युद्ध्वा शंभेर्म्महालयान (॥)
   तत्संख्य(ख्या); करौद्धरो विजयादित्यभूपतिः (॥)

कि अमोघवर्ष ने चालुक्य समुद्र में डूबे हुए राष्ट्रकूट वैभव को पुनः अर्जित कर लिया।[1] ए.एस. अल्तेकर ने विजयादित्य द्वितीय की सक्रियता को 817 ई. में प्रारम्भ हुआ माना है।[2] 817 से 821 ई. के बीच हुए उपद्रवों को ध्यान में रखते हुए उपर्युक्त सुझाव ठीक जान पड़ता है। विजयादित्य द्वितीय का लक्ष्य 817 से 821 ई. तक सम्भवतः पूरा हो गया था और राष्ट्रकूटों की भारी पराजय हुई थी। लगभग 818-821 ई. के बीच कर्क सुवर्णवर्ष ने अपने प्रयत्नों के फलस्वरूप अमोघवर्ष को पुनः सिंहासनासीन किया।[3] ए.एस. अल्तेकर द्वारा दिया गया यह कालक्रम कर्क सुवर्णवर्ष के नौसरी एवं सूरत अभिलेखों की तिथियों तथा सूचनाओं का आधार लिए हुए था।[4] अमोघवर्ष के जवखेड अभिलेख की सूचनाओं के आधार पर ही डी.आर. भट ने सिंहासन पर पुनः अधिकार प्राप्त करने की तिथि जून 820 ई. के पूर्व ही सम्भावित की है।[5] सिंहासनासीन होने की इसी अवधि में सम्भवतः अमोघवर्ष का विवाह असगव्वा से सम्पन्न हुआ जो जवखेड अभिलेख में भट्टारिका कही गयी है।[6]

डी.आर. भट ने असगव्वा को अमोघवर्ष की पत्नी नहीं माना है क्योंकि अमोघवर्ष इस समय कम आयु का था।[7] किन्तु, डी.सी. सरकार ने असगव्वा को अमोघवर्ष की पत्नी माना है। उन्होंने कम आयु में ही विवाहित राम एवं विचित्रवीर्य के उदाहरणों के साथ भट द्वारा प्रस्तुत कम आयु के होने की बात को उनकी मान्यता के लिए उपयुक्त कारण नहीं माना है।[8] गोविन्द तृतीय की मृत्यु के समय अमोघवर्ष की आयु कम थी। इस कम आयु (लगभग 13-14 वर्ष) में सम्भवतः उसका विवाह न हुआ रहा होगा। पिता के राज्य का उत्तराधिकारी होने के कुछ ही दिनों बाद उठ खड़ी हुई राजकीय परेशानियों के कारण उसके विवाह में देर हुई होगी। किन्तु 820 ई. के पूर्व ही उसके राज्य की पुनर्प्राप्ति एवं विजयोल्लास तथा राजकीय मर्यादा को ध्यान में रखते हुए उस अवसर पर

---

1. *एपिग्रफिया इण्डिका,* भाग 6, पृष्ठ 30, श्लोक 13।
   समूलोन्मूलितास्ताम्वान्दण्डेनानीतकण्टकः।
   योदहद्दे(द्रुद्दे)षिणश्चण्डचलुक्यांश्चणकानिव।।
2. *दि एज ऑफ इम्पीरियल कनौज,* पृष्ठ 9।
3. द्रष्टव्य, 'अशान्ति एवं उपद्रव का आरम्भ' पूर्वांश, अध्याय 5, पृष्ठ 21।
4. *दि एज आफ इम्पीरियल कनौज,* पृष्ठ 9।
5. *एपिग्राफिया इण्डिका,* भाग 32, पृष्ठ 130।
6. वही, पृष्ठ 134, पंक्ति 62।
7. वही, पृष्ठ 130।
8. वही, पृष्ठ 130, पादटिप्पणी 2।

उसके विवाह संस्कार के सम्पन्न होने की सम्भावना की जा सकती है। इस समय उसकी 18-19 की आयु भी विवाह के उपयुक्त थी। इन सारी बातों को ध्यान में रखते हुए डी.सी. सरकार का मत ही संस्तुत होता है।

राष्ट्रकूटों का स्थिर शासन और चालुक्यों की पराजय

राष्ट्रकूट शक्ति ने राजनीतिक स्थिरता प्राप्त कर एक बार फिर चालुक्य राज्य पर अधिकार किया। अमोघवर्ष द्वारा 866 ई. में लिखवाए गये सिरूर अभिलेख में वेङ्गी के शासक का अधीनस्थ के रूप में उल्लेख किया गया है।[1] वेङ्गी पर अमोघवर्ष के अधिकार का प्रमाण परवर्ती राष्ट्रकूट अभिलेखों में भी प्राप्त होता है। गोविन्द पञ्चम के 933 ई. में लिखवाए गये सांगली अभिलेख में विङ्गवल्ली में चालुक्यों एवं अभ्यूषकों के अमोघवर्ष से पराजित होने का उल्लेख है।[2] कृष्ण तृतीय के 658 ई. के कर्हाड अभिलेख[3] में अमोघवर्ष द्वारा चालुक्यों के नाश का उल्लेख है।[4] यही सूचना कर्क द्वितीय के 672-3 ई. के कर्डा अभिलेख से भी मिलती है।[5] इन प्रमाणों के आधार पर यह ज्ञात होता है कि अमोघवर्ष ने वेङ्गिराज को सिरूर अभिलेख की तिथि 866 ई. के पूर्व पराजित किया होगा। अमोघवर्ष की राजनीतिक परेशानियों तथा विजयादित्य द्वितीय के लगभग 843 ई. तक सिंहासन पर होने का ध्यान रखते हुए ए.एस. अल्तेकर ने इस विजय की तिथि 860 ई. के लगभग माना था।[6] इस तिथि पर पुनर्विचार करते हुए उन्होंने चालुक्य पराजय की तिथि 830 ई. सुझाई है। उन्होंने इस तिथि के 12 वर्ष बाद चालुक्यों को राष्ट्रकूट सत्ता की अधीनता में माना है जिसका

---

1. *इण्डियन एण्टिक्वेरी,* भाग 12, पंक्ति 6।
   ......वंग अंग मगध मालव वेंगीशैच्चितोतिशयधवल
2. *इण्डियन एण्टिक्वेरी,* भाग 12, पृष्ठ 249-50, पंक्ति 12-3।
   तस्माच्चामोघवर्षोभवदतुलव(ब)लो
   येन कोपादपूर्व्वैश्चालुक्याभ्यूषाद्यै–
   र्ज्जनितरतियमः प्रीणितो विंगवल्यां।
3. *एपिग्राफिया इण्डिका,* भाग 13 पृष्ठ 176 एवं आगे।
4. वही, भाग 4, पृष्ठ 283, श्लोक 14।
   चालुक्यवंश दहता(तो) यदीय(प्र)तापवह्नेरभिलब्धं(ब्ध)जन्मा।
   व्र(ब्र)ह्माण्डाभाण्डोदर ...नाद्यपि विश्रान्तिमुपैति शब्द(ब्द):।
5. *इण्डियन एण्टिक्वेरी,* भाग 12. पुष्ठ 264, पंक्ति 13।
   तस्य श्रीमदमोघवर्षनृपति चालुक्यकालानलः।
6. *दि राष्ट्रकूटज एण्ड देयर टाइम्स,* पृष्ठ 75-6।

सङ्केत अम्म प्रथम के एडेरु अभिलेख में प्राप्त होता है और उसके उपरान्त पाण्डुरङ्ग द्वारा पुनः चालुक्य नगरी वेङ्गी को अधिकृत करने की बात मानी है।[1] चालुक्य-अधीनता के इतिहास की यह पुनर्रचना बहुत उपयुक्त नहीं जान पड़ती है। इस सम्बन्ध में डी.सी. सरकार का विचार अधिक सही जान पड़ता है जिन्होंने विङ्गवल्ली में चालुक्यों की पराजय को विजयादित्य द्वितीय के बारहवर्षीय युद्धों के उपरान्त ही माना है।[2] इन घटनाक्रमों को कुछ इस प्रकार माना जा सकता है। 818-21 ई. के बीच कर्क सुवर्णवर्ष के प्रयत्नों के फलस्वरूप सम्भवतः अमोघवर्ष को राष्ट्रकूट राज्य का एक अंश मात्र ही प्राप्त हो सका। अपनी शक्ति को सुदृढ़ करने के उपरान्त ही राष्ट्रकूट शासन अपने राज्य का शेषांश चालुक्यों से वापस लेने के लिए तत्पर हुआ होगा। यह प्रयत्न सम्भवतः 12 वर्षों तक चलता है जिसके फलस्वरूप विजयादित्य द्वितीय को युद्धों में व्यस्त रहना पड़ा जिसके बारे में अम्म प्रथम के एडेरु अभिलेख में उल्लेख प्राप्त होता है। इस प्रकार सम्भवतः 832 ई. के बाद ही चालुक्यों पर राष्ट्रकूटों की विजय हुई होगी।

राष्ट्रकूट अधीनता में चालुक्यों का स्वतन्त्र शासन :

राष्ट्रकूट चालुक्य वैवाहिक सम्बन्ध

वेङ्गी राष्ट्रकूटों के अधिकार में थी, किन्तु 845 ई. के पूर्व ही वेङ्गी को विजयादित्य द्वितीय के सेनापति पाण्डुरङ्ग ने राष्ट्रकूटों से स्वतन्त्र कर लिया था। ऐसा जान पड़ता है कि अमोघवर्ष एवं विजयादित्य द्वितीय ने अपने कटु सम्बन्धों को इसी समय राष्ट्रकूट राजकुमारी शीलमहादेवी एवं चालुक्य राजकुमार विष्णुवर्धन् पञ्चम का विवाह करके मधुर बनाया। ऐसा प्रतीत होता है कि वेङ्गी चालुक्यों के हाथ आ जाने पर भी चालुक्यों को राष्ट्रकूटों की अधीनता स्वीकार किए रहना पड़ा।[3]

---

1. *दि एज ऑफ इम्पीरियल कनौज,* पृष्ठ 9।
2. वही, पृष्ठ 134-5। डी.सी. सरकार ने किसी तिथि का उल्लेख नहीं किया है।
3. द्रष्टव्य, वही, पृष्ठ 135।

अध्याय 7

गङ्ग-राष्ट्रकूट सङ्घर्ष एवं अमोघवर्ष का दक्षिणी अभियान

अमोघवर्ष के शासन-काल में दक्षिण के पड़ोसी राज्यों द्वारा राष्ट्रकूट राज्य पर आक्रमण के सङ्केत भी मिलते हैं। अमोघवर्ष के कोन्नूर अभिलेख से यह ज्ञात होता है कि वनवासी के शासक बङ्केय ने एक गङ्ग शासक को हराया था।[1] इस गङ्ग शासक को पृथिवीपति द्वितीय से पहचाना गया है[2] जिसने उदयेन्द्रियम अभिलेख[3] के अनुसार अमोघवर्ष से डिण्डी के पुत्रों की रक्षा की थी।[4] बङ्केय ने कावेरी पार करके अन्य क्षेत्रों पर भी धावा बोला था, किन्तु वल्लभ एवं अमोघवर्ष के एक पुत्र द्वारा किए गये उपद्रव को दबाने के लिए आज्ञा पाने पर उसे लौटना

---

1. *एपिग्राफिया इण्डिका,* भाग 6, पृष्ठ 30, श्लोक 22।
   महाप्रतापपादुच्छेद(दुश्छेदा) मुदयच्छन्मदिच्छया (।)
   मूलादुच्छेतुमुत्तुंगां गंगवाडि वटावटवीं (।।)
   श्लोक 23-24 भी द्रष्टव्य।
2. द्रष्टव्य, ए.एस. अल्तेकर, *दि राष्ट्रकूटज एण्ड देयर टाइम्स,* पृष्ठ 78।
   इस समय वह शासक नहीं था।
3. *साउथ इण्डियन इंस्क्रिप्शंस,* भाग 2, पृष्ठ 384, श्लोक 16।
   यो डिण्डिकोजेरिमनागदन्दौ(दन्तौ)ररक्ष भीताबमै(भ);प्रदानात् (।)
   क्षोणीपतेरेकमोघवर्षात्म(त्म)त्योम्मु(मु)रवादन्यमन्यतुल्य (।।)
4. *एपिग्रफिया इण्डिका,* भाग 6, पृष्ठ 31, श्लोक 27-8।
   कावेरीं गुरुपूरदुर्गममामुल्लंघ्य सिंह (क्र) मात्प्रत्यग्रस्पुरित-
   प्रतापदहयप्रोथच्छिखाश्रेणिभिः (1)
   निर्द्दह्यैकपदेन सप्तपदकान्विद्विड्वनोच्छेदिना
   येनाकंपि जगत्प्रकंपनपटोर्व्वैराज्यमप्यूज्जित।।
   तत्रान्तरे मदंतिकमन्तर्भ्भे(र्ब्भे)देन जातसंक्षोभे।
   प्रत्यागन्तव्यमिति त्वयेति मद्वचनमात्रेण।।

पड़ा था।[1] प्राप्त विवरण के आधार पर ए.एस. अल्तेकर का यह निष्कर्ष उचित जान पड़ता है कि अमोघवर्ष के दक्षिणी अभियान मुख्यतया आत्मरक्षार्थ थे। विजय प्राप्ति की दृष्टि से उसने स्वयं कोई क़दम नहीं उठाया। इसकी पुष्टि अग्रोल्लिखित घटनाओं से भी होती है। अमोघवर्ष के शासन के प्रारम्भ में ही गङ्गवाडि के स्वतन्त्र हो जाने पर उसे पुनः राष्ट्रकूट शासन में नहीं लाया जा सका। गङ्गों के उपद्रवों को शान्त करने की दृष्टि से ही सम्भवतः वैवाहिक सम्बन्धों के माध्यम से सद्भावना उत्पन्न करनी पड़ी। ऐसे सम्बन्ध का प्रारम्भ अमोघवर्ष की सम्भवतः प्रथम सन्तान पुत्री रेवतीनिम्मडि के गङ्ग परिवार में हुए विवाह[2] के समय से ही माना जा सकता है। राष्ट्रकूटों एवं गङ्गों के राजनीतिक सम्बन्धों को लगभग 860 ई. में अमोघवर्ष की द्वितीय पुत्री चन्द्रोबलब्बा एवं गङ्ग राजकुमार भूतुग के विवाह[3] के माध्यम से और पुष्ट किया गया। सम्भवतः दक्षिण में पल्लवों से भी वैवाहिक सम्बन्ध स्थापित किए गये। पल्लव शासक नन्दिवर्मन् तृतीय ने शङ्खा नामक राष्ट्रकूट राजकुमारी से विवाह किया था जिसे अमोघवर्ष की पुत्री होने की सम्भावना की जा सकती है।[4]

---

1. *दि राष्ट्रकूटज एण्ड देयर टाइम्स*, पृष्ठ 78।
2. द्रष्टव्य, *साउथ इण्डियन इंस्क्रिप्शंस*, भाग 11, प्रस्तावना, पृष्ठ 3 एवं अभिलेख संख्या 7, पृष्ठ 4, पादटिप्पणी भी।
3. *एपिग्रफिया इण्डिका*, भाग 12, नञ्जनगुड अभिलेख संख्या 266, सप्लिमेन्ट, पृष्ठ 1-4।
4. द्रष्टव्य, डी.सी. सरकार, *दि एज ऑफ इम्पीरियल कनौज*, पृष्ठ 166।

अध्याय 8

अमोघवर्ष के काल का अन्तिम उपद्रव तथा गुजरात शाखा के राष्ट्रकूटों के विद्रोह का प्रश्न

अमोघवर्ष के शासन काल में गुजरात में शासन कर रहे राष्ट्रकूट परिवार के विद्रोही हो जाने की घटना को इतिहासकारों में विशेष महत्त्व दिया है। गोविन्द तृतीय ने गुजरात का शासन 800 ई. में अपने भाई इन्द्र के हाथों में दिया था।[1] इन्द्र एवं उसके पुत्र कर्क्क सुवर्णवर्ष ने राष्ट्रकूट राज्य की स्थिति को सुदृढ़ करने में महत्त्वपूर्ण योगदान किए। कर्क्क सुवर्णवर्ष के भाई गोविन्द को, जिसने 827 ई. में कावी अभिलेख लिखवाया,[2] गुजरात की सामन्तीय गद्दी को हथिया लेने वाला कहा गया है[3], किन्तु, जैसा कि ए.एस. अल्तेकर का सुझाव है, वह कर्क सुवर्णवर्ष का अधीनस्थ शासक रहा और उसके हाथ शासन की बागडोर कभी नहीं आयी।[4] कर्क्क सुवर्णवर्ष की मृत्यु के उपरान्त ध्रुव प्रथम लगभग 830 ई. में गुजरात का शासक हुआ।[5] ध्रुव प्रथम 'वल्लभ' नामक शासक से युद्ध में व्यस्त था।[6] यह युद्ध तीन पीढ़ियों तक चलता रहा। ध्रुव प्रथम की मृत्यु 'वल्लभ' से हुए किसी एक युद्ध में हुई।[7] ध्रुव प्रथम के पुत्र अकालवर्ष शुभतुङ्ग को अपने पिता का राज्य पुनः अर्जित करना पड़ा था।[8] उसकी यह विजय

---

1. द्रष्टव्य, ए.एस. अल्तेकर, *दि राष्ट्रकूट एण्ड देयर टाइम्स,* पृष्ठ 62, 69।
2. *इण्डियन एण्टिक्वेरी,* भाग 5 पृष्ठ 144 एवं आगे।
3. वही, पृष्ठ 147, श्लोक 32 के आधार पर।
4. *दि राष्ट्रकूट एण्ड देयर टाइम्स,* पृष्ठ 80-81।
5. वही, पृष्ठ 81।
6. बगुमरा अभिलेख, *इण्डियन एण्टिक्वेरी,* भाग 12, पृष्ठ 183-84, श्लोक 32।

   रणशिरसि खड्गघातैर्व्वल्लभ पराङ्मुखीकृत्य (।)

   शस्त्रशतशुद्धदेहः स्वर्ग्गमगादेक एवासौ।।
7. वही।
8. वही, पृष्ठ 184, श्लोक 34।

अनिर्णीतावस्था में ही थी क्योंकि उसके पुत्र ध्रुव द्वितीय को भी युद्ध जारी रखना पड़ा। ध्रुव द्वितीय को एक ओर गुर्जर शासक एवं दूसरी ओर वल्लभ से युद्ध करना पड़ रहा था, उसके सम्बन्धी उसका साथ नहीं दे रहे थे और उसका (अज्ञातनामा) छोटा भाई कुचक्र रच रहा था जैसा कि बगुमरा अभिलेख से ज्ञात होता है।[1] उल्लिखित गुर्जर शत्रु को भोज प्रथम से पहचाना जा सकता है जो इस समय बहुतेरे युद्धों में व्यस्त था।[2] 'वल्लभ' उपाधिधारी शत्रु, जी. ब्युलर के अनुसार, राष्ट्रकूट वंश का होना चाहिए। सम्भवतः अमोघवर्ष स्वयं अथवा उसका कोई राष्ट्रकूट सामन्त इस युद्ध में भाग ले रहा था।[3] कृष्ण द्वितीय के कापडवंज अभिलेख से, भगवानलाल इन्द्रजी के अनुसार, बम्बई एवं कैम्बे के बीच के भाग पर अमोघवर्ष के आक्रमण का सङ्केत मिलता है।[4] उनके अनुसार यह आक्रमण गुजरात के राष्ट्रकूटों से हुए युद्ध से सम्बन्धित है। अमोघवर्ष ने वल्लभान्त कई एक उपाधियाँ धारण की थीं। ध्रुव द्वितीय के बगुमरा[5] एवं दन्तिवर्मा के गुजरात[6] अभिलेखों में उल्लिखित 'वल्लभ' नामक शत्रु को समकालिक होने के कारण अमोघवर्ष से ही पहचाना गया है। कोन्नूर अभिलेख से अमोघवर्ष के अन्तिम दिनों में सामन्तों द्वारा उपद्रव किए जाने की बात ज्ञात होती है जो बङ्केय द्वारा दबाए गये थे।[7] इन तथ्यों के आधार पर यह मत व्यक्त किया गया कि गुजरात शाखा के शासक अमोघवर्ष के विरोधी हो गये थे।[8] किन्तु यह पहचान मुख्य रूप से 'वल्लभ' उपाधि के आधार पर की गयी।

---

1. **वल्लभदंडाक्रांतं विघटितदुष्टानुजीविवर्गेण।**
   पितृर्यागतमचिरान्मंडलमध्यासितं येन।।
2. वही, भाग 12, पृष्ठ 184, श्लोक 37।
   इतोभिमुखमातत्प्रवल गूर्जराणां वलं।
   इतो विमुखवल्लभो विकृतिमागता बान्धवाः।।
   इतोनुजविकुर्व्वितं शममगात्समस्तं भयाद्-
   अहो स्फुरणमद्भुतं निरुपेन्द्र खड्गस्य ते।।
3. द्रष्टव्य, बी.एन. पुरी, *दि हिस्ट्री ऑफ दि गुर्जर प्रतिहारज*, बम्बई, 1957, पृष्ठ 60-61।
4. *इण्डियन एण्टिक्वेरी*, भाग 12, पृष्ठ 176। इसी मत का अनुसरण आर.जी. भण्डारकर एवं ए.एस. अल्तेकर ने किया है (द्रष्टव्य, *दि जर्नल ऑफ दि बाम्बे ब्रांच ऑफ दि रायल एशियाटिक सोसाइटी*, भाग 18, पृष्ठ 256; *दि राष्ट्रकूटज एण्ड देयर टाइम्स*, पृष्ठ 82)।
5. द्रष्टव्य, अमोघवर्ष का सिंहासनारोहण पूर्वांश, अध्याय 3, अन्तिम अनुच्छेद, पृष्ठ 18।
6. *इण्डियन एण्टिक्वेरी*, भाग 12 पृष्ठ 184 श्लोक 37 (उपर्युद्धृत)।
7. *एपिग्राफिया इण्डिका*, भाग 6, पृष्ठ 291, श्लोक 32, 34, 37।
8. वही, पृष्ठ 30-31, श्लोक 21-31।

गुजरात शाखा के राष्ट्रकूटों का मूल शाखा को दिये गये महत्त्वपूर्ण योगदानों, ध्रुव प्रथम के बड़ोदा अभिलेख के अनुसार 835 ई. तक गुजरात शाखा एवं अमोघवर्ष के गोविन्द तृतीय के काल जैसे ही सम्बन्ध[1] तथा तरसादी अभिलेख के अनुसार 840 ई. तक अमोघवर्ष द्वारा गुजरात शाखा के शासकों की शासन-भूमि के दान दिये जाने[2] को देखते हुए दोनों शाखाओं के बीच एकाएक कटुता उत्पन्न होने की बात बहुत ठीक नहीं जान पड़ती। इस सम्भावना की किञ्चित् पुष्टि परोक्ष ढङ्ग से भी की जा सकती है। यदि 'वल्लभ' नामक शत्रु अमोघवर्ष ही था तो उसे अस्पष्ट रूप में ही क्यों उल्लिखित किया गया जब कि गुजरात राष्ट्रकूटों के एकाधिक अभिलेखों में उसका स्पष्ट उल्लेख प्राप्त होता है। अमोघवर्ष का सीधा उल्लेख हमें बगुमरा अभिलेख में भी कर्क सुवर्णवर्ष के विवरणांश में प्राप्त होता है।[3] यदि उनका शत्रु अमोघवर्ष ही था तो वे उसे नाम लेकर स्पष्टरूप से उल्लिखित करने में न हिचकते। क्या इस बात की भी सम्भावना की जा सकती है कि 'वल्लभ' सम्भवतः कोई पश्चिम चालुक्य-वंशी[4] सामन्त रहा हो जिसने अमोघवर्ष के समय के उत्पन्न राजनीतिक संकटों से लाभ उठाने की कोशिशें की हो। पुलकेशी द्वितीय के ऐहोल अभिलेख से हमें ज्ञात होता है कि 'पृथिवीवल्लभ' चालुक्यों की राजकीय उपाधि थी। गुजरात शाखा के राष्ट्रकूटों से हुए उसके युद्धों को ध्यान में रखते हुए उसके पूर्वी चालुक्य वंशी होने की सम्भावना नहीं की जा सकती। बगुमरा अभिलेख की सूचना के अनुसार ध्रुवद्वितीय ने गुर्जर नरेश[5] एवं मिहिर[6] नामक शत्रुओं को स्पष्ट ही पराजित किया था सम्भवतः 'वल्लभ'

---

1. द्रष्टव्य, जी. ब्युलर, *इण्डियन एण्टिक्वेरी*, भाग 12, पृष्ठ 180, ए.एस. अल्तेकर, *दि राष्ट्रकूटज एण्ड देयर टाइम्स*, पृष्ठ 84।
2. *इण्डियन एण्टिक्वेरी*, भाग 14, पृष्ठ 196 एवं आगे। अमोघवर्ष का उल्लेख, पृष्ठ 199, श्लोक 7 में।
3. *जर्नल ऑफ दि ओरियन्टल इंस्टीच्यूट*, बड़ौदा, भाग 20, संख्या 2, पृष्ठ 157।
4. *इण्डियन एण्टिक्वेरी*, भाग 12, पृष्ठ 183, श्लोक 29।
   ..... योमोघवर्ष इति राज्यपदे व्यधत्त।
5. *एपिग्राफिया इण्डिका*, भाग 6, पृष्ठ 4 श्लोक 4।
   पृथिवीवल्लभशब्दो येषामन्वर्थताञ्चिरजातः (।)
   तद्वंशेषु जिगीषुषु तेषु बहुश्वन्यतीतेषतु (।)
6. *इण्डियन एण्टिक्वेरी*, भाग 12, पृष्ठ 184, श्लोक 38।
   गूर्जरबलमतिबलवत् समुद्यमं बृंहितं व कुल्येन।

की पराजय उसके हाथों न हुई थी। 'वल्लभ' सम्भवतः जिसके साथ अमोघवर्ष का एक पुत्र भी सहयोग कर रहा था, का स्पष्ट उल्लेख अमोघवर्ष के कोन्नूर अभिलेख में भी प्राप्त है।

ए.एस. अल्तेकर ने इसे कृष्ण द्वितीय माना है।[1] सम्भवतः उनका यह मत उनकी इस मान्यता पर आधारित था कि कृष्ण द्वितीय अमोघवर्ष का एक मात्र पुत्र था।[2] किन्तु, प्राप्त प्रमाणों के आधार पर कृष्ण द्वितीय का सीधे नामोल्लेख सम्भव नहीं है। अमोघवर्ष के कृष्ण द्वितीय नाम के अतिरिक्त और भी पुत्र रहे जान पड़ते हैं। कम से कम एक के बारे में, जिसका नाम दुद्दय्य था, हमें एक अभिलेख से जानकारी प्राप्त होती है।[3]

इस सन्दर्भ में अभिलेख के 29-31वें श्लोक[4] महत्त्वपूर्ण हैं। 29वें श्लोक में राज्य में उठ खड़े हुए उपद्रव के कारण बङ्केय के दक्षिण अभियान से वापस चले आने की अमोघवर्ष की आज्ञा (भेजी हुई सूचना, वही, श्लोक 28, उपर्युद्धृत) पाने पर बङ्केय द्वारा की गयी प्रतिज्ञा एवं वापस आने का विवरण दिया गया है—

अप्राप्ते वल्लभेन्द्र मयि जयति यदा विद्विषः स्यान्तदाहं
सन्यस्ताशेषसंगो मुनिरथ विधिना विद्विषां स्याज्जयश्रीः (।)
तत्राप्यु (द्दा) मधूमध्वजविततशिखासूत्पतामि प्रतापा-
दित्यारूढ़प्रतिज्ञाः कतिपय दिवसैः प्रापदस्मत्ससमीपं।।

एफ. कीलहार्न ने इस श्लोक के प्रथम चरण में 'वल्लभेन्द्र' पद को 'वल्लभेन्द्रो' के रूप में सुधारकर[5] यह माना है कि बङ्केय ने दो प्रतिज्ञायें कीं—

1. यदि मेरे पहुँचने के पूर्व ही (**अप्राप्ते मयि**) वल्लभेन्द्र (अमोघवर्ष) शत्रुओं को विजित कर लेते हैं (**वल्लभेन्द्रोजयति विद्विषः**) तो मैं मुनियों की भाँति संसार को त्याग दूँगा; और
2. यदि भाग्यवश विजयश्री शत्रुओं को प्राप्त होती है तो मैं अग्नि में प्रवेश

एकाकिनैव विहित पराङ्मुख लीलया येन।।

1. *दि राष्ट्रकूटज एण्ड देयर टाइम्स*, पृष्ठ 76
2. वही, पृष्ठ 87
3. द्रष्टव्य, जे. मार्शल, *एनुअल रिपोर्ट ऑफ दि डायरेक्टर ऑफ आर्क्योलाजी इन इण्डिया*, 1919-20, पृष्ठ 34
4. *एपिग्राफिया इण्डिका*, भाग 6, पृष्ठ 31
5. *वही*

कर जाऊँगा।[1] ऐसी प्रतिज्ञायें कर वह कुछ ही दिनों में अमोघवर्ष के पास पहुँचा। इस समय उसने तीन मास के भीतर शत्रुओं को विजित करने की पुनः प्रतिज्ञा की।[2]

इन प्रतिज्ञाओं में प्रथम के सम्बन्ध में कुछ विचार आवश्यक है। पहली बात तो यह कि **'वल्लमेन्द्रे'** पद के बिना सुधारे भी श्लोक का उचित अर्थ निकलता है। अतः अभिलेख के मूल पाठ को बदलकर अर्थ करना ठीक नहीं जान पड़ता। सन्दर्भित पद के मूल रूप में ही रहने पर बङ्केय की प्रथम प्रतिज्ञा यह थी– मेरे शत्रुओं पर विजय प्राप्त करने (**मयि जयति विद्विषः**) (किन्तु) वल्लभेन्द्र की अप्राप्ति में (**अप्राप्ते वल्लभेन्द्रे** अर्थात् यदि वह बन्दी नहीं बनाया जा सका तो) मैं मुनि की भाँति सभी सम्बन्धों को त्याग कर संन्यस्त हो जाऊँगा। यह प्रतिज्ञा बङ्केय की दूसरी प्रतिज्ञा के सन्दर्भ में अधिक उचित जान पड़ती है। पहली प्रतिज्ञा में शत्रुओं पर विजय और दूसरी में शत्रुओं के विजय की स्थितियों की बात कही गयी है। विजय प्राप्ति के साथ ही एक दूसरा भी लक्ष्य था, वल्लभेन्द्र की प्राप्ति (अर्थात् उसे बन्दी बनाने का)। इस दूसरे लक्ष्य की अप्राप्ति में अपेक्षया गुरुतर प्रतिज्ञा करता है कि वह अग्नि को समर्पित हो जायेगा (**विधिना विद्विषां स्याज्जयश्रीः तत्रा प्युद्दामधूमध्वजवितत शिखासूत्पतामि**)।[3] 31वें श्लोक के अन्तिम चरण से यह ज्ञात होता है कि बङ्केय ने अपनी सभी प्रतिज्ञायें पूरी कीं (**तीर्णप्रतिज्ञोभवत्**, वही)। तीसरे चरण के अन्तिम एवं चौथे चरण के प्रथम भाग से ज्ञात होता है कि उसने प्रतिज्ञापूर्ति के लिए तीन कार्य किए–(1) नृपतियों को जीता (2) बन्दी बनाया एवं (3) शत्रुओं की हत्या की (**नृपतीन्निर्जित्य यो जित्विरो बन्दीकृत्य रिपून्निहत्य च तदा तीर्णप्रतिज्ञोभवत्**, वही)।

---

1. वही, पृष्ठ 36, अनुवाद
2. वही, पृष्ठ 31, श्लोक 10
3. वीरत्व बोध से जुड़ी ऐसी स्व-अग्निदाह की प्रतिज्ञायें साहित्य में अन्यत्र भी उल्लिखित हैं, उदाहरण के लिये अर्जुन ने महाभारत में जयद्रथ-वध के सन्दर्भ में तथा द्वारका में ब्राह्मण के पुत्र के जन्मते ही मृत हो जाने पर जीवित वापस लाने की प्रतिक्षा करते समय असफलता की स्थिति में अग्निदाह करने के सन्दर्भ प्राप्त होते हैं

यद्यस्मिन्नहत पापे सूर्योऽस्तमुपयास्यति।
इहैव सम्प्रवेष्टाहं ज्वलितं जातवेदसम्।।
अग्निस्तीर्णप्रतिज्ञाऽग्निं प्रवेक्ष्ये हतकल्मषः। (*महाभारत*, 7.73.47
भागवतपुराण, 10.89.30

प्रतिज्ञा पूर्ति के लिए बङ्केय के इन कृत्यों को उसकी प्रतिज्ञाओं से सीधे सम्बन्धित किया जा सकता है। उसने शत्रुओं की हत्या कर वल्लभेन्द्र को बन्दी बना कर विरोधी नृपतियों का दमन किया। इस प्रकार यह स्पष्ट है कि बङ्केय को वल्लभ नामक शासक के विद्रोह की सूचना दी गयी थी जिसके साथ कई अन्य शासक तथा अमोघवर्ष का एक अज्ञातनामा पुत्र भी था जिसका साङ्केतिक विवरण बङ्केय की प्रतिज्ञाओं एवं उसकी उपलब्धियों के वर्णन में प्राप्त होता है।[1]

कोन्नूर अभिलेख चूँकि बङ्केय की प्रार्थना पर अमोघवर्ष द्वारा किए गये दान के विवरण से सम्बन्धित है अतः उसमें बङ्केय की उपलब्धियों की चर्चा की गयी है। किन्तु इसमें सन्देह नहीं किया जा सकता कि उठ खड़े हुए उपद्रव को शान्त करने में राज्य के अन्य सामन्तों का सहयोग भी प्राप्त किया गया होगा। कोन्नूर अभिलेख के 31वें श्लोक से स्पष्ट है कि इस उपद्रव में एकाधिक शासक एवं अमोघवर्ष का एक पुत्र भी शामिल था (..... **परप्रेषिते याते मत्तनये स्थितान्यनृपतीन्निर्जित्य**)। इस विवरण के पूरक के रूप में ध्रुव द्वितीय के बगुमरा अभिलेख से प्राप्त सूचनाओं को लिया जा सकता है। इस अभिलेख के 37वें श्लोक में गुर्जर, वल्लभ, बान्धवों एवं एक अज्ञातनामा अनुज के विरोधी हो जाने की बात कही गयी है।[2] 41वें श्लोक में मिहिर नामक शत्रु की भी चर्चा की गयी है।[3] इस अभिलेख के विरोधी वल्लभ एवं बान्धवों को कोन्नूर अभिलेख में उल्लिखित वल्लभेन्द्र तथा अमोघवर्ष के पुत्र (जो ध्रुव द्वितीय का चाचा लगेगा) से सम्बन्धित किया जा सकता है। यह तथ्य भी ध्यानाकर्षक है कि जहाँ गुर्जर एवं मिहिर के ध्रुव द्वितीय द्वारा पराजित होने का स्पष्ट उल्लेख बगुमरा अभिलेख में प्राप्त होता है[4] वहाँ, वल्लभ, बान्धवों एवं अनुज के पराजित किये जाने की बात नहीं कही गयी है। सम्भवतः इस कारण कि वल्लभ को बङ्केय ने पराजित किया था।

'वल्लभ' के छिट-फुट युद्धों (अन्य शासक सामन्तों तथा राष्ट्रकूट परिवार के लोगों को मिलाकर षडयन्त्र रचने के फलस्वरूप) के विशद एवं गम्भीर रूप धारण करने पर ध्रुव द्वितीय को राजकीय सेना की सहायता की आवश्यकता पड़ी होगी, जो बङ्केय के नेतृत्व में आयी। यही कारण जान पड़ता है जिससे

---

1 वही, श्लोक 26 एवं 31

2 *इण्डियन एण्टिक्वेरी*, भाग 12, पृष्ठ 184 उपर्युल्लिखित

3 *वही*

4 वही, श्लोक 38-41

बङ्केय को दक्षिण अभियान रोक कर वापस बुला लिया गया था।[1] बङ्केय ने चालुक्य 'वल्लभ' एवं अमोघवर्ष के पुत्र[2] को और ध्रुव द्वितीय एवं उसके छोटे भाई गोविन्द ने गुर्जर भोज प्रथम तथा मिहिर[3] को पराजित किया होगा। इस सन्दर्भ में ध्रुव द्वितीय का 'अकेले ही' (**एकाकिनैव**) गुर्जर शक्ति को पराजित करने का उल्लेख महत्त्वपूर्ण है।[4] सम्भवतः इसी समय मालवा पर राष्ट्रकूटों का अधिकार हुआ जिसका उल्लेख अमोघवर्ष के अधीन क्षेत्र के रूप में उसके सिरूर अभिलेख में हुआ है।[5]

उपर्युक्त सम्भावनाओं के आधार पर अमोघवर्ष के काल के गुजरात शाखा के राष्ट्रकूटों के विद्रोह एवं स्वतन्त्र शासन के मत को सुधारने की आवश्यकता जान पड़ती है।

उपर्युक्त विवरणों से यह ज्ञात होता है कि गुजरात शाखा के राष्ट्रकूटों ने अपना पूरा-पूरा सहयोग अमोघवर्ष के शासन को मज़बूत करने एवं राष्ट्रकूट राज्य की सुरक्षा के लिए प्रदान किया।

कोन्नूर एवं बगुमरा अभिलेखों से ज्ञात होने वाले गम्भीर उपद्रव को कोन्नूर अभिलेख की तिथि 860 ई. के पूर्व हुआ माना जाना चाहिए। इस गम्भीर उपद्रव को शान्त करने में गुजरात शाखा के ध्रुव द्वितीय एवं वनवासी के शासक बङ्केय ने प्रमुख भूमिकाएँ निभायीं।

कोन्नूर अभिलेख में प्राप्त विवरणों के आधार पर यह ज्ञात होता है कि इस उपद्रव को शमित करने में बङ्केय ने जो पराक्रम प्रदर्शित किया उससे अमोघवर्ष अत्यधिक प्रभावित था।[6]

---

1. *एपिग्राफिया इण्डिका*, भाग 6, पृष्ठ 31, श्लोक 28 (उपर्युद्धृत)।
2. वही, श्लोक 29-31।
3. ध्रुव द्वितीय के शत्रुओं को पराजित करने में गोविन्द के सहयोग की चर्चा बगुमरा अभिलेख में प्राप्त होती है (*इण्डियन एण्टिक्वेरी*, भाग 12, पृष्ठ 186, श्लोक 58-9)।
4. वही, पृष्ठ 184, श्लोक 38 (उपर्युद्धृत)।
5. वही, पृष्ठ 218, पंक्ति 6 (उपर्युद्धृत)।
6. बङ्केय की प्रशंसा से सम्बन्धित अंश के लिए द्रष्टव्य, *एपिग्राफिया इण्डिका*, भाग 6, पृष्ठ 30, श्लोक 21 एवं आगे।

अध्याय 9

अमोघवर्ष के शीलाहार सामन्त

कृष्ण प्रथम ने कोंकण में शीलाहारों को शासक नियुक्त किया था।[1] अमोघवर्ष के काल में शीलाहार सामन्त किसी प्रकार का विद्रोह करते ज्ञात नहीं होते। अमोघवर्ष के काल में पुल्लशक्ति एवं उसके पुत्र कपर्दी ने शासन किया जैसा कि कण्हेरी अभिलेखों से ज्ञात होता है।[2]

---

1. द्रष्टव्य, ए.एस. अल्तेकर, *दि राष्ट्रकूटज एण्ड देयर टाइम्स*, पृष्ठ 45।
2. *इण्डियन एण्टिक्वेरी*, भाग 13, पृष्ठ 133 एवं आगे।

अध्याय 10

अमोघवर्ष के समय का पाल-राष्ट्रकूट सङ्घर्ष

अमोघवर्ष के सिरूर अभिलेख से यह ज्ञात होता है कि अङ्ग, वङ्ग, मगध, मालव एवं वेङ्गी के क्षेत्र उसके प्रभाव में थे।[1] अङ्ग, वङ्ग एवं मगध का क्षेत्र पाल शासन में था। ए.एस. अल्तेकर के अनुसार अमोघवर्ष ने वेङ्गी विजय के बाद उड़ीसा होते हुए पाल राज्य पर आक्रमण किया होगा।[2] यह आक्रमण पाल शासक की शक्ति के उत्थान को ध्यान में रखते हुए लगभग 830 ई. के उपरान्त[3] एवं सिरूर अभिलेख की तिथि 866 ई. के पूर्व हुआ होगा। कुछ पाल अभिलेखों में देवपाल द्वारा एक द्राविड़ शासक के परास्त होने का उल्लेख है। इस द्राविड़ शासक को अमोघवर्ष से पहचाना गया है।[4] गोविन्द तृतीय की विजयों एवं अमोघवर्ष की प्रारम्भिक कठिनाइयों को ध्यान में रखते हुए इस बात की सम्भावना की जा सकती है कि पहले पालों ने राष्ट्रकूटों पर आक्रमण किया हो और कुछ सफलता भी प्राप्त की हो। इस आक्रमण के उत्तर में ही अमोघवर्ष ने आक्रमण किया होगा जिसमें वह सफल रहा जैसा कि सिरूर अभिलेख के आधार पर माना जा सकता है। किन्तु एक दूसरी सम्भावना भी असङ्गत नहीं जान पड़ती कि राष्ट्रकूटों और पालों के बीच की यह घटना एक छोटी घटना थी और सम्भवतः युद्ध अनिर्णीत रहा जिसके कारण दोनों पक्षों ने अपनी-अपनी विजय की बात कही है।[5] ऐसी स्थिति में अमोघवर्ष के पाल शत्रु को उसका समकालिक शासक देवपाल ही माना जा सकता है किन्तु यदि दोनों घटनाओं को अलग-अलग समय का माना जाय और इस बात की सम्भावना की जाय कि 866 ई. में सिरूर अभिलेख के

---

1. *इण्डियन एण्टक्वेरी*, भाग 12, पृष्ठ 218, पंक्ति 6 (उपर्युद्धृत)।
2. ए.एस. अल्तेकर, *दि राष्ट्रकूटज एण्ड देयर टाइम्स*, पृष्ठ 77।
3. वही, पृष्ठ 77, पादटिप्पणी 16। ए.एस. अल्तेकर ने इस घटना को नारायणपाल के समय में माना है।
4. द्रष्टव्य, आर.सी. मजुमदार, *दि एज ऑफ इम्पीरियल कनौज*, पृष्ठ 51।
5. *दि राष्ट्रकूटज एण्ड देयर टाइम्स*, पृष्ठ 78।

लिखवाये जाने के कुछ एक वर्ष पूर्व अमोघवर्ष पालों पर आक्रमण किए रहा होगा तो प्रारम्भ में देवपाल द्वारा उसके पराजित होने तथा नारायणपाल के समय में उसके विजयी होने की बात कही जा सकती है। यदि, जैसा कि आर.सी. मजुमदार ने सुझाया है, द्राविड़ शासक को पाण्ड्य श्रीमार श्रीवल्लभ से पहचाना जाये[1] तो अमोघवर्ष के देवपाल द्वारा पराजित होने की बात समाप्त हो जाती है। जहाँ तक पालों पर उसकी विजय का सम्बन्ध है, अङ्ग, वङ्ग एवं मगध की विजय की निश्चित तिथि ज्ञात न होने के कारण, देवपाल अथवा नारायणपाल दोनों में से किसी से सम्बन्धित किया जा सकता है। **866** ई. के अभिलेख में किए गये उल्लेख के कारण राष्ट्रकूटों की विजय नारायणपाल के काल में होने की अधिक सम्भावना जान पड़ती है।

1. *दि एज ऑफ इम्पीरियल कनौज*, पृष्ठ 51।

अध्याय 11

अमोघवर्ष का राज्य विस्तार

लगभग 860 ई. तक अमोघवर्ष अपनी राजनीतिक परेशानियों को पार कर चुका था। इस समय से लेकर सम्भवतः अपने जीवन के अन्त तक उसके दक्षिण में गङ्गवाडि को छोड़कर दक्कन के सम्पूर्ण क्षेत्र पर राज्य किया। उसके सिरूर अभिलेख से यह ज्ञात होता है कि अङ्ग, वङ्ग, मगध, मालव एवं वेङ्गी के क्षेत्र या तो उसके अधिकार में थे अथवा उन पर उसका राजनीतिक दृष्टि से प्रभाव था (द्रष्टव्य, मानचित्र, अमोघवर्ष का राज्य विस्तार)।

अध्याय 12

अमोघवर्ष का शासन से संन्यास का प्रश्न

प्रश्नोत्तरमालिका (या *रत्नमालिका*) के अन्तिम श्लोक से ऐसा प्रतीत होता है कि उसके रचनाकार अमोघवर्ष ने संन्यास ले लिया था।[1] अमोघवर्ष के सम्बन्ध में यह सूचना बहुत निश्चित नहीं कही जा सकती क्योंकि इस ग्रन्थ के रचयिता के रूप में अमोघवर्ष के अतिरिक्त शङ्कराचार्य एवं विमल का नाम भी आता है।[2] हमें सञ्जान अभिलेख से यह ज्ञात होता है कि अमोघवर्ष एक बार से अधिक राज्य शासन से निवृत्त हुआ था।[3] डी.आर. भण्डारकर ने अभिलेख के इस कथन को शासक के समय-समय पर धर्म-कार्य में रत होने के लिए शासन से कुछ समय के लिए विरत होने से सम्बन्धित किया है।[4] किन्तु इस सूचना को प्रारम्भिक सामन्तीय उपद्रव एवं वेङ्गिराज के आक्रमण के फलस्वरूप हुई स्थिति को सम्मानजनक एवं साहित्यिक रूप में प्रस्तुत किया हुआ भी माना जा सकता है। इतिहासकारों ने माना है कि अमोघवर्ष अपने जीवन के अन्तिम दिनों में शासनभार कृष्ण द्वितीय को सौंप कर स्वयं धर्म-कार्य में लगा था। इस सम्बन्ध में पृथ्वीराम के 875 ई. के सौन्दत्ती अभिलेख में कृष्ण द्वितीय के शासक के रूप में उल्लिखित होने[5] एवं 877-78 ई. के कण्हेरी अभिलेख में अमोघवर्ष

---

1. *प्रश्नोत्तरमालिका*, श्लोक 30।
   विवेकात्त्यक्ताराज्येन राज्ञेयं रत्नमालिका।
   रचित अमोघवर्षेण धिया सदलंकृतिः।।
   (द्रष्टव्य, *इण्डियन एण्टिक्वेरी*, भाग 18, पृष्ठ 218)
2. द्रष्टव्य, वही, भाग 33, पृष्ठ 198-99।
3. *एपिग्राफिया इण्डिका*, भाग 18, पृष्ठ 248, श्लोक 48।
   येनात्याजि तनु(ः) स्वराज्यमस्कृद्ध(द्वा)ह्यार्थकैः का कथा।
4. वही, पृष्ठ 242।
5. *दि जर्नल ऑफ दि बाम्बे ब्रांच ऑफ दि रायल एशियाटिक सोसाइटी*, भाग 10, पृष्ठ 200।

के शासन के उल्लेख[1] की बातें महत्त्वपूर्ण हैं। शासक के रूप में नामोल्लेख के व्यतिक्रम का कारण ए.एस. अल्तेकर ने अमोघवर्ष द्वारा शासन से संन्यास लेना माना है।[2] कृष्ण द्वितीय के सम्बन्ध में इस बात की भी सम्भावना की जा सकती है कि गुजरात शाखा के राष्ट्रकूट शासक की भाँति ही राज्य का एक अंश उसके शासन में रखा गया रहा हो और पृथ्वीराम उसका अधीन सामन्त रहा हो।[3] 874-75 ई. में अमोघवर्ष के शासन का प्रमाण हमें निडगुण्डि अभिलेख से प्राप्त होता है। इस प्रकार अमोघवर्ष द्वारा शासन त्याग कर संन्यस्त जीवन व्यतीत करने की बात बहुत स्पष्ट रूप से नहीं कही जा सकती।

---

1. *इण्डियन एण्टिक्वेरी*, भाग 13, पृष्ठ 135।
2. *दि राष्ट्रकूटज एण्ड देयर टाइम्स*, पृष्ठ 86।
3. *एपिग्राफिया इण्डिका*, भाग 7, पृष्ठ 208 एवं आगे।

अध्याय 13

अमोघवर्ष के शासन काल का अन्तिम वर्ष तथा उसके सम्पूर्ण शासन-काल पर विमर्श

शक सम्वत् 799 (877-78 ई.) अमोघवर्ष के शासन काल का ज्ञात अन्तिम वर्ष है। इसी वर्ष कण्हेरी का एक अभिलेख लिखवाया गया जिसमें उसके शासन का उल्लेख किया गया है।[1]

सिरूर अभिलेख की सूचना के आधार पर गणना करने पर यह ज्ञात होता है कि अमोघवर्ष का शासन लगभग 814 ई. में प्रारम्भ हुआ।[2] उसके शासन-काल का ज्ञात अन्तिम वर्ष 878 ई. है। इस प्रकार अमोघवर्ष ने स्पष्ट ही 64-65 वर्षों तक राज्य किया। आर.जी. भण्डारकर ने इतने लम्बे शासन काल पर सन्देह प्रकट किया था।[3] किन्तु सञ्जान अभिलेख के अनुसार अमोघवर्ष शासन प्रारम्भ

---

1. *इण्डियन एण्टिक्वेरी*, भाग 13, पृष्ठ 135। सी.आर. कृष्णमाचार्लु एवं अन्य तथा ए.एस. अल्तेकर ने अमोघवर्ष के शासन काल का ज्ञात अन्तिम वर्ष 878 ई. वीरसेन की *जयधवला टीका* की रचना-परिसमाप्ति की तिथि शक सम्वत् 766 फाल्गुन शुक्ल 10 के आधार पर माना है। (*साउथ इण्डियन इंस्क्रिप्शंस*, भाग 11 खण्ड 1 प्रस्तावना, पृष्ठ 5. *दि राष्ट्रकूटज एण्ड देयर टाइम्स*, पृष्ठ 87) जो उचित नहीं है। *जयधवलाटीका* की परिसमाप्ति शक सम्वत् 756 (837 ई.) में हुई थी–

   फाल्गुने मासि पूर्वाण्हे दशम्यां शुक्लपक्षके।
   प्रवर्धमानपूजोरुनन्दीश्वरमहोत्सवे।।

   ....

   एकान्तषष्टिसमाधिकसप्तशताब्देषु शकनरेन्द्रस्य।
   समतीतेषु समाप्ता जयधवला प्राभृत व्याख्या।।

   (पत्रावली संस्करण, बम्बई, पृष्ठ 2299, प्रशस्ति, श्लोक 7, 11।
   कसायपाहुड, जयधवला टीका सहित, फूलचन्द एवं अन्य सम्पादित, मथुरा, 1944, भाग 1, प्रस्तावना, पृष्ठ 72 भी द्रष्टव्य)
2. द्रष्टव्य, 'गोविन्द तृतीय का स्वर्गवास', पूर्वांश, अध्याय 2, पृष्ठ 15।
3. *दि अर्ली हिस्ट्री ऑफ दि डेकन*, कलकत्ता, 1957, पृष्ठ 164-65।

के समय अभी 13-14 वर्ष का किशोर ही था[1] और इस प्रकार उसके दीर्घ शासन काल पर आपत्ति की गुंजाइश नहीं दिखती।[2] ऐसा जान पड़ता है कि अमोघवर्ष का शासन 64-65 वर्षों से कुछ अधिक ही काल का था। यह सम्भावना अमोघवर्ष के पुत्र कृष्ण द्वितीय की प्रारम्भिक तिथि 888 ई. पर आधारित है। अमोघवर्ष की मृत्यु इस प्रकार 878-88 ई.[3] के बीच ही कभी हुई होगी। ए.एस. अल्तेकर ने इस घटना को लगभग 878 ई. के आस-पास ही मानते हुए 880 ई. सम्भाविता की थी।[4] बाद में उन्होंने इस घटना को लगभग 878 ई. में ही माना है।[5] किन्तु कृष्ण द्वितीय के शासन के प्रारम्भ की तिथि के निश्चित ज्ञान के बिना अमोघवर्ष की मृत्यु की तिथि ठीक-ठीक नहीं अनुमानित की जा सकती। यदि कृष्ण द्वितीय के शासन प्रारम्भ की तिथि 888 ई. के आस-पास ही मानी जाये तो अमोघवर्ष का शासनकाल 8-10 वर्ष और बढ़ जायेगा। निःसन्देह उसने दीर्घ जीवन प्राप्त किया था और दीर्घकालिक शासन भी किया था।

---

1. द्रष्टव्य, 'अमोघवर्ष का सिंहानसनारोहण पूर्वांश, अध्याय 3, पृष्ठ 16।
2. ए.एस. अल्तेकर, *दि राष्ट्रकूटज एण्ड देयर टाइम्स*, पृष्ठ 87, पाद टिप्पणी 46।
3. *एपिग्राफिया इण्डिका*, भाग 13, पृष्ठ 186, पंक्ति 2-3 (रविवार, 21 अप्रैल, 888 ई.)। ए.एस. अल्तेकर ने एक स्थान पर कृष्ण द्वितीय की ज्ञात प्रारम्भिकतम तिथि 883 ई. दी है (*दि अर्ली हिस्ट्री ऑफ दि डेकन*, जी. याजदानी सम्पादित, लन्दन, 1960, पृष्ठ 280) सम्भवतः यह ग़लत छपाई का परिणाम है।
4. *दि राष्ट्रकूटज एण्ड देयर टाइम्स*, पृष्ठ 87; दि अर्ली हिस्ट्री ऑफ दि डेकन, जी. याजदानी सम्पादित, पृष्ठ 280।
5. *दि एज ऑफ इम्पीरियल कनौज*, पृष्ठ 11।

अध्याय 14

अमोघवर्ष के व्यक्तित्व का मूल्याङ्कन योद्धा एवं कला और साहित्य का संरक्षक

अमोघवर्ष के सम्बन्ध में कहा गया है कि यद्यपि उसका शासन दीर्घकालिक था किन्तु युद्ध एवं विजयों आदि की दृष्टि से महत्त्वपूर्ण न था। उसके शासन काल में सामन्तों एवं पड़ोसी राज्यों का विरोध एवं उपद्रव होता रहा तथा जो राज्य स्वतन्त्र हो गये थे वे पुनः राष्ट्रकूट शासन में नहीं लाए जा सके। इस प्रकार अमोघवर्ष को युद्धों से विरत माना गया है।[1] इसमें सन्देह नहीं अमोघवर्ष अपने पिता गोविन्द तृतीय जैसा योद्धा नहीं था, किन्तु वह युद्धों से बिल्कुल विरत भी नहीं था। चालुक्यों, पालों तथा गुर्जरों से हुए युद्ध उल्लेख्य हैं। अमोघवर्ष के समय की परिस्थितियों को ध्यान में रखते हुए उसके व्यक्तित्व के पुनर्मूल्याङ्कन की आवश्यकता है।

योद्धा

अमोघवर्ष अभी किशोर ही था जब राजसत्ता उसके हाथों में सौंप दी गयी थी। गोविन्द तृतीय द्वारा पराभूत किए गये एवं उससे असन्तुष्ट राज्याधिकारियों, सामन्तों एवं पड़ोसियों ने अमोघवर्ष की प्रशासनिक अज्ञता का लाभ उठा लेना चाहा। इस समय राष्ट्रकूट शासन की जो स्थिति ज्ञात होती है उसमें चाहे कर्क्क सुवर्णवर्ष के प्रयत्नों से ही, अमोघवर्ष का शासन पर अधिकार प्राप्त करना बड़े ही महत्त्व का विषय है। उसके शासन की प्रारम्भिक दशाब्दि ऐसी ही परिस्थितियों से जूझते हुए बीती। इस प्रकार की परेशानियों को झेलते हुए वह युवावस्था को प्राप्त हुआ जो पूर्वी चालुक्यों एवं गङ्गों के दीर्घकालिक सङ्घर्षों में बीती।

1. द्रष्टव्य, ए.एस. अल्तेकर, *दि एज ऑफ इम्पीरियल कनौज*, पृष्ठ 10-11, *दि राष्ट्रकूटज एण्ड देयर टाइम्स*, पृष्ठ 87, के.ए. नीलकान्त शास्त्री, ए हिस्ट्री ऑफ साउथ इण्डिया, आक्सफोर्ड युनिवर्सिटी प्रेस, 1966, पृष्ठ 162।

लगभग 15 वर्षों के आपसी मनमुटावों को उसने अपनी राजनीतिक दूरदर्शिता के फलस्वरूप विभिन्न वैवाहिक सम्बन्धों के माध्यम से दूर किया। इस प्रकार चालुक्यों पर उसका अधिकार बना रहा और गङ्ग उसके पूरे सहायक एवं मित्र रहे। उसने अपने राज्य के पश्चिम एवं उत्तर में उठ खड़े हुए पश्चिमी चालुक्यवंशी सामन्त (वल्लभ) एवं गुर्जर (भोज प्रथम) शत्रुओं को राष्ट्रकूट शक्ति की दृढ़ता का परिचय दिया। राष्ट्रकूट सेना ने अङ्ग, वङ्ग एवं मगध तक धावा किया। उत्तर में राष्ट्रकूट सेना नर्मदा तक गयी थी। इस प्रकार अमोघवर्ष का शासनकाल सैनिक कार्यवाहियों से पूर्ण था। लगभग 660 ई. तक वह विभिन्न युद्ध सञ्चालनों से स्पष्ट ही संलग्न रहा जान पड़ता है। इस प्रकार अमोघवर्ष युद्धों से विरत शासक नहीं माना जाना चाहिए। यह दूसरी बात है कि परिस्थितियों वश उसका अधिकांश समय अपने ही राज्य के उपद्रवों एवं शासन की रक्षा में लगा। इसके बावजूद उसने उत्तर एवं दक्षिण के विजय अभियानों की योजनायें भी कार्यान्वित की थीं। शाकटायन ने स्पष्ट ही उसे शत्रुओं का दहन करने वाला कहा है और यही बात कापडवंज अभिलेख में भी कही गयी है।[1]

धर्म, साहित्य एवं कला का संरक्षक

अमोघवर्ष के व्यक्तित्व का आकर्षक पहलू उसका धर्म, साहित्य एवं कला का पुजारी तथा प्रजावत्सल होना है। अमोघवर्ष के अन्तिम दो-तीन दशक शान्तिपूर्ण जान पड़ते हैं जिसका पूरा-पूरा उपयोग उसने अपने सांस्कृतिक एवं प्रजाहितार्थ कार्यों के लिए किया होगा।

धार्मिक एवं प्रजावत्सल

अमोघवर्ष जैन मतावलम्बी था। स्याद्वाद सम्प्रदाय का अनुयायी[2] एवं जिनसेन

---

1. **अदहदमोघवर्षोऽरातीन**, शाकटायन व्याकरण के सूत्र (**ख्याते दृश्ये** 4.3.20. 8 के उदाहरण के रूप में उल्लिखित), द्रष्टव्य, *शाकटायनव्याकरण अमोघवृत्ति टीका* सहित सं. शम्भूनाथ त्रिपाठी, वाराणसी, 1671, पृष्ठ 408।
2. महावीर कृत, *गणितसारसंग्रह*, लक्ष्मीचन्द्र जैन सम्पादित, शोलापुर, 1963, मंङ्गलाचरण, पृष्ठ 2, श्लोक 8।

   विध्वस्तैकान्तपक्षस्य स्याद्वादन्यायवादिनः।
   देवस्य नृतुङ्गस्य वर्धतां तस्य शासनम्।।

   एक अन्य सन्दर्भ में स्याद्वाद का उल्लेख अमोघवर्ष के कोन्नूर अभिलेख में भी प्राप्त होता है (द्रष्टव्य, *एपिग्राफिया इण्डिका*, भाग 6, पृष्ठ 37, श्लोक 44)

का शिष्य था।[1] प्रजा के हित का वह ध्यान रखता था। सञ्जान अभिलेख में यह कहा गया है कि प्रजा पर आयी विपत्ति को दूर करने के लिए उसने जीमूतवाहन, शिबि एवं दधीचि की परम्परा में महालक्ष्मी की पूजा में अपनी एक उँगली ही अर्पित कर दी थी।[2] भट्टाकलङ्क ने अपने *शब्दानुशासन* में अमोघवर्ष को बलि, जीमूतवाहन, दधीचि एवं शिबि की तुलना में कई गुना श्रेष्ठ बताया है।[3]

साहित्यकार एवं साहित्य का संरक्षक

अमोघवर्ष स्वयं *कविराजमार्ग* नामक ग्रन्थ का रचयिता था।[4] यह ग्रन्थ कन्नड़ भाषा का प्रथम काव्यशास्त्रीय ग्रन्थ है। इस शासक ने विभिन्न साहित्यकारों को प्रश्रय एवं संरक्षण भी प्रदान किया। नागवर्मा द्वितीय (1150 ई.), केशिराज (1225 ई.) एवं भट्टाकलङ्क (1600 ई.) ने उसके साहित्यकारों को प्रश्रय देने के गुण की प्रशंसा की है।[5] *आदिपुराण* के लेखक जिनसेन एवं गुणभद्र का वह संरक्षक था।[6] शाकटायन एवं वीरसेन ने अमोघवर्ष के काल में ही क्रमशः *शाकटायनव्याकरण*

---

1. जैसा कि गुणभद्र रचित *उत्तरपुराण* की प्रशस्ति से ज्ञात होता है–
   यस्य प्रांशुनरवांशुजालविसरद्धारान्तराविर्भव–
   त्पादम्भोजरजः पिशङ्गमुकुटप्रत्यग्ररत्नद्युतिः।
   स श्रीमंजिनसेन पूज्य भगवत्पादो जगन्मङ्गलम्।।
   (*उत्तरपुराण*, पन्नालाल जैन सम्पादित, वाराणसी, 1968, पृष्ठ 574, श्लोक 9)
2. *एपिग्राफिया इण्डिका*, भाग 18, पृष्ठ 248, श्लोक 47।
   सर्प्पं पातुमसो(सौ) ददो(दौ) निजतनुं जीमूतकेतोस्सुतः
   श्येनायाथ शिविः(बिः) कपोतपरिरक्षार्थ दधीचोथिने।
   तेप्येकैकमतर्प्पयन्किल महालक्ष्म्यै स्वा(स्व) वामांगुलिं
   लोकोपद्रवशान्तये स्म दिशति श्री वीरनारायणः।।
3. *कर्नाटकशब्दानुशासनम्*, बी.एल. राइस सम्पादित, बंगलौर, 1890, पृष्ठ 194; *इण्डियन एण्टिक्वेरी*, भाग 33, पृष्ठ 198 भी द्रष्टव्य।
4. द्रष्टव्य, *कविराजमार्ग*, के.बी. पाठक सम्पादित, बंगलौर, 1898, *दि जर्नल ऑफ दि बाम्बे ब्रांच ऑफ दि रायल एशियाटिक सोसाइटी*, भाग 22, पृष्ठ 81 एवं आगे। जे.एफ. फ़्लीट ने इस ग्रन्थ को कवीश्वर द्वारा रचा गया माना था (*इण्डियन एण्टिक्वेरी*, भाग 33, पृष्ठ 258 एवं आगे)।
5. वही, पृष्ठ 167 एवं आगे।
6. द्रष्टव्य, के.बी. पाठक, *दि जर्नल ऑफ दि बाम्बे ब्रांच ऑफ दि रायल एशियाटिक सोसाइटी*, भाग 22, पृष्ठ 85। जिनसेन ने अमोघवर्ष का उल्लेख अपने *पार्श्वभ्युदय* ग्रन्थ (अन्तिम सर्ग, श्लोक 70) में किया है।
   ....भुवनभवतु देवः सर्वदामोघवर्षः।

की *अमोघवृत्ति*[1] तथा गुणधर रचित *कसायपाहुड* की *जयधवलाटीका* लिखी।[2] इन दोनों ग्रन्थों के नाम अमोघवर्ष के सम्मान में ही उसकी उपाधियों पर रखे गये हैं।[3] इस शासक के काल में महावीराचार्य ने अपने *गणितसारसङ्ग्रह* नामक ग्रन्थ को पूरा किया।[4]

कला संरक्षक

कला एवं स्थापत्य के संरक्षक के रूप में अमोघवर्ष को हम एलोरा के ब्राह्मण एवं जैन लयणों के निर्माण के सन्दर्भ में देख सकते हैं। यहाँ के दशावतार नामक शैव लयण में अमोघवर्ष का एक अभिलेख अङ्कित है।[5] इस प्राप्ति के आधार पर दशावतार के निर्माण में अमोघवर्ष के सहयोग की सम्भावना की जा सकती है। एलोरा के जैन लयणों का निर्माण लगभग 6ठी शताब्दी में हुआ था।[6] यद्यपि हमें कोई स्पष्ट साक्ष्य नहीं प्राप्त है किन्तु अमोघवर्ष का इन लयण-निर्माणों से असम्बद्ध होना सम्भव नहीं जान पड़ता।[7]

---

1. **अदहदमोघवर्षोऽरातीन** (सूत्र **ख्याते दृश्ये** 4.3.208 के उदाहरण के रूप में), *शाकटायनव्याकरण, अमोघवृत्ति* सहित, शम्भूनाथ त्रिपाठी सम्पादित, वाराणसी, 1971, पृष्ठ 406। कृष्ण द्वितीय के कापडवंज अभिलेख में अमोघवर्ष के लिए प्रयोजित **भूपालात्कंटिकाभि (कण्टकामान्) सपदि विघटितान्वेष्ट (ष्ठ) यित्वा ददाह** *एपिग्राफिया इण्डिका,* भाग 1, पृष्ठ 54, श्लोक 9 के आधार पर अमोघवर्ष को अमोघवर्ष से पहचानना उचित ही है (द्रष्टव्य, वही, प्रस्तावना, पृष्ठ 12-13)।
2. पत्रावली संस्करण, बम्बई, प्रशस्ति, पृष्ठ 2267, श्लोक 8, 11।
   अमोघवर्ष राजेन्द्र राज्य प्राज्य गुणोदया।
   एकान्नषष्टिसमधिक सप्तशताब्देषु शकनरेन्द्रस्य।
   समतीतेषु समाप्ता जयधवला प्राभृत व्याख्या।।
3. द्रष्टव्य, अम्बालाल प्रे. शाह, *जैन साहित्य का बृहद इतिहास,* भाग 5. वाराणसी, 1969, पृष्ठ 18; पन्नालाल जैन, *आदिपुराण,* काशी, 1663, प्रस्तावना, पृष्ठ 26।
4. मङ्गलाचरण, श्लोक 3, 8।
   श्रीमतामोघवर्षेण येन स्वेष्टाहितैषिणा।।
   ....
   देवस्य नृपतुङ्गस्य वर्धतां तस्य शासनम्।।
5. *आर्कियोलाजिकल सर्वे ऑफ वेस्टर्न इण्डिया,* भाग 5 पृष्ठ 87-89।
6. पी. ब्राउन, *इण्डियन आर्किटेक्चर* (बुद्धिष्ट एण्ड हिन्दू पीरियड्स), बम्बई, 1956, पृष्ठ 60; ए. गोस्वामी एवं ओ.सी. गांगुली, *दि आर्ट ऑफ दि राष्ट्रकूटज,* कलकत्ता, 1658, पृष्ठ 24 25।
7. वही।

चन्द्रगुप्त द्वितीय एवं अमोघवर्ष की तुलना

सञ्जान अभिलेख से यह ज्ञात होता है कि अमोघवर्ष गुप्त वंश के शासक चन्द्रगुप्त द्वितीय की तुलना में अधिक गुरुतर चरित्र तथा दान देने वाला था।[1] इन दोनों शासकों के व्यक्तित्व में बहुत समानता देखी जा सकती है। दोनों ने ही राजनीतिक परेशानियों के साथ शासन प्रारम्भ किए और क्रमशः अपनी स्थिति को सुदृढ़ बनाकर विद्रोह का दमन एवं विजय अभियान किए। अमोघवर्ष के प्रारम्भिक दिनों की परेशानियाँ कुछ भिन्न प्रकार की एवं अपेक्षतया गुरुतर थीं। दोनों ही शासक प्रजावत्सल एवं धार्मिक थे और साहित्य तथा कला के अभिवर्धक एवं संरक्षक थे। सञ्जान अभिलेख के रचयिता ने अमोघवर्ष की तुलना में चन्द्रगुप्त द्वितीय को उचित ही प्रस्तुत किया है। राष्ट्रकूट शासक का गुरुतर व्यक्तित्व सदा ही मान्य रहा है। गुणधर रचित *कसायपाहुड* की वीरसेनकृत *जयधवला टीका* की प्रशस्ति में भी गुर्जरनरेन्द्र के रूप में अमोघवर्ष की कीर्ति को चन्द्रमा के समान स्वच्छ तथा उसके मध्य गुप्तनरेश की कीर्ति को मच्छर के समान कहा गया है।[2]

---

1. *एपिग्राफिया इण्डिका*, भाग 18, श्लोक 48।
   हत्वा भ्रातरमेव राज्यमहरद्देवीं च दीनस्ततो
   लक्षं कोटिमलेखयनिक(त्कि)लं कलौ दाता स गुप्तान्वयः।
   येनात्याजि तनु(ः) स्वराज्यमसकृद्बा(द्बा)ह्यार्थकैः का कथा
   हीप्त(स्त)स्योन्नतिराष्ट्रकूठ(ट)तिलको दातेति कीर्त्याव(म)पि।।
2. प्रशस्ति, पृष्ठ 2297, श्लोक 12।
   गूर्ज्जरनरेन्द्रकीर्तेरन्तः पतिता शशांक शुभ्राः।
   गुप्तैव गुप्तनृपतेः शकस्य मशकायते कीर्त्तिः।।
   प्रशस्ति में अमोघवर्ष का उल्लेख (श्लोक 8), जो रचना समाप्ति-काल के आधार पर अमोघवर्ष है (श्लोक 11) और गुर्जरनरेन्द्र की अत्यन्त शुभ्र कीर्ति के वर्णन (श्लोक 12-15), जो राष्ट्रकूट वंश तिलक अमोघवर्ष के **'अतिशयधवल'** विरुद के आधार पर किया गया जान पड़ता है, को दृष्टि में रखते हुए गुर्जरनरेन्द्र को अमोघवर्ष के रूप में पहचानना (द्रष्टव्य, फूलचन्द एवं अन्य *कसायपाहुड, जयधवला टीका* सहित, मथुरा, 1944, भाग 1, प्रस्तावना, पृष्ठ 73-74) उचित ही जान पड़ता है।

अध्याय 15

अमोघवर्ष द्वारा जैन धर्म का संरक्षण एवं अन्य धर्मों के प्रति सद्भाव

जैन धर्म का संरक्षक

जैन मतावलम्बी अमोघवर्ष के शासन काल में जैन धर्म को पूर्ण संरक्षण प्राप्त था। अपने समय के जैन आचार्यों का उसने पूर्ण सम्मान एवं संरक्षण किया। आचार्य जिनसेन को उसने अपना गुरु माना था। जिनसेन के शिष्य गुणभद्र को उसने अपने पुत्र कृष्ण के गुरु के रूप में नियुक्त किया था। अमोघवर्ष के काल में ही जिनसेन एवं गुणभद्रकृत *आदिपुराण*, गुणधरकृत *कसायपाहुड* की वीरसेनकृत *जयधवला टीका* एवं शाकटायन द्वारा अपने व्याकरण (*शाकटायनव्याकरण*) की *अमोघवृत्ति* नामक टीका रची गयी थी।[1] अमोघवर्ष के सामन्तों में बङ्केय जैन धर्मावलम्बी था।[2] सौन्दत्ती के सामन्त भी जैन थे।[3] कोन्नूर अभिलेख में अमोघवर्ष को जैन धर्मावलम्बियों के लिए दान देता हुआ उल्लिखित किया गया है।[4] एलोरा की जैन गुहाओं के निर्माण में भी सम्भवतः अमोघवर्ष का योगदान रहा।[5] जैन परम्परा में भी इस शासक को महत्त्वपूर्ण स्थान प्राप्त है। वनवासी के कुछ

---

1. द्रष्टव्य, 'अमोघवर्ष के व्यक्तित्व का मूल्यांकन : योद्धा एवं कला और साहित्य का संरक्षक' पूर्वांश, अध्याय 14, 44-45।
2. *एपिग्राफिया इण्डिका*, भाग 6, पृष्ठ 31, श्लोक 35-36।
3. *दि जर्नल ऑफ दि बाम्बे ब्रांच ऑफ दि रायल एशियाटिक सोसाइटी*, भाग 10, पृष्ठ 167 एवं आगे।
4. *एपिग्राफिया इण्डिका*, भाग 6, पृष्ठ 31, श्लोक 35 एवं आगे।
5. द्रष्टव्य, 'अमोघवर्ष के व्यक्तित्व का मूल्यांकन : योद्धा एवं कला और साहित्य का संरक्षक' पूर्वांश, अध्याय 14, पृष्ठ 84। एक जैन मन्दिर के लिए दिये गये दान का सन्दर्भ अमोघवर्ष के काल के (राणेबेन्नूर कन्नड़ शोध-सङ्ग्रहालय) में संरक्षित अभिलेख में भी प्राप्त है (*कर्नाटक इंस्क्रिप्शंस*, भाग 1, पृष्ठ 14 16।

जैन विहार उसे कई धार्मिक नियमों के प्रतिस्थापक के रूप में मानते हैं।[1]

अन्य धर्मों के प्रति सद्‌भाव

जैन धर्म को संरक्षण देने के साथ अमोघवर्ष ने स्वयं तथा उसके अन्य राजकीय पदाधिकारियों ने भी दूसरे धर्मों के प्रति पूर्ण सद्भाव रखा। अभिलेखों में प्राप्त देवता सम्बन्धी विश्वास, देवताओं की प्रशस्तियों एवं किए गये दानों आदि से यह ज्ञात होता है कि राज्य शासन अपनी धार्मिक नीति में अत्यधिक उदार था। अमोघवर्ष ने लोक उपद्रव को शान्त करने के लिए महालक्ष्मी की पूजा की थी जिसमें अपने शरीर का एक अङ्ग ही अर्पित कर दिया था।[2] उसकी राजमुद्रा पर गरुड-मुद्रा का स्पष्ट उल्लेख भी प्राप्त होता है।[3] अन्य धार्मिक प्रतीकों में चक्र एवं स्वस्तिक का भी उल्लेख किया जा सकता है जिनका अङ्कन अमोघवर्ष के काल के सोरटूर अभिलेख में प्राप्त है। अभिलेखों के प्रारम्भ में प्राप्त देव-प्रशस्तियों तथा किए गये दानों के उल्लेखों से तत्युगीन धार्मिक सहिष्णुता पर विशेष प्रकाश पड़ता है। अमोघवर्ष के कोन्नूर अभिलेख में जिनेन्द्र की प्रशस्ति के साथ ही विष्णु की भी प्रशस्ति की गयी है।[4]

---

1. द्रष्टव्य, ए.एस. अल्तेकर, *दि राष्ट्रकूटज एण्ड देयर टाइम्स*, पृष्ठ 312।
2. सञ्जान अभिलेख, *एपिग्राफिया इण्डिका*, भाग 18, पृष्ठ 248, श्लोक 47 (उपर्युद्धृत)।
3. अमोघवर्ष के सञ्जान अभिलेख, वही, श्लोक 50 (**भग्ना समस्तभूपालमुद्रा गरुडमुद्रया**); कोन्नूर अभिलेख, वही, भाग 6, श्लोक 13 (**...गरुड लाञ्च(ञ्छ) नं ...**)।
   मुद्रा पर गरुड की प्रतिकृति के लिए द्रष्टव्य, अमोघवर्ष का जवखेड अभिलेख (*एपिग्राफिया इण्डिका*, भाग 32, पृष्ठ 129, पाद टिप्पणी 1, फलक संख्या 3); दन्तिवर्मा का गुजरात अभिलेख (वही, भाग 6, पृष्ठ 285); अमोघवर्ष के समय का हूविन-हिप्पर्गि अभिलेख (*साउथ इण्डियन इंस्क्रिप्शंस*, भाग 11 खण्ड 1, पृष्ठ 5 पाद टिप्पणी 1)। कर्क्क सुवर्णवर्ष के बड़ोदा अभिलेख (*इण्डियन एण्टिक्वेरी*, भाग 12, पृष्ठ 156) एवं ध्रुव द्वितीय के बगुमरा अभिलेख (वही, पृष्ठ 186) की मुद्राओं पर शिव का अङ्कन कहा गया है, किन्तु ये अङ्कन गरुड के ही जान पड़ते हैं। इनमें से कर्क्क सुवर्णवर्ष के अभिलेख की मुद्रा प्रकाशित है (वही, पृष्ठ 156 के सामने का फलक) जिसमें गरुड के पङ्ख स्पष्ट द्रष्टव्य हैं।
4. *साउथ इण्डियन इंस्क्रिप्शंस*, भाग 11, पृष्ठ 8, पाद टिप्पणी 3। *एपिग्राफिया इण्डिका*, भाग 6, पृष्ठ 39, श्लोक 1-2।
   श्रियः प्रियस्संगतविश्वरूपसुदर्शनच्छिन्नपरावलेपः (।)
   दिश्यादनन्तः प्रणताभरेन्द्रः श्रियं ममाद्यः प्रभां जिनेन्द्र।।
   अनंतभोगस्थितिरत्र पातुवः प्रतापशील प्रभवोदयाचलः।
   सुरा(ष्ट्र)द्रकूटोर्ज्जिवंशपूर्व्वजस्स वीरनारायण एव यो विभुः।।

'वीरनारायण' के रूप में ऐसा जान पड़ता है कि अमोघवर्ष विष्णु के अवतार के रूप में माना जाता था।[1] इस सन्दर्भ में उसकी 'लक्ष्मीवल्लभ' तथा 'श्रीवल्लभ' उपाथियाँ भी उल्लेख्य हैं। अमोघवर्ष एवं उसके सामन्त शासकों के कई अभिलेखों में विष्णु एवं शिव की साथ-साथ प्रशस्ति कही गयी है।[2] अमोघवर्ष के समय के नीलगुण्डि अभिलेख में विष्णु एवं शिव के साथ-साथ ब्रह्मा, इन्द्र एवं पार्वती का भी उल्लेख हुआ है।[3] गुजरात शाखा के राष्ट्रकूट शासक दन्तिवर्मा के गुजरात अभिलेख में बुद्ध को नमस्कार (**ओं नमो (बु)द्धाय**) के साथ विष्णु एवं शिव की प्रशस्ति भी प्राप्त है।[4] यह अभिलेख बौद्धों को दिये गये दान से सम्बन्धित है। एलोरा के दशावतार नामक शैव लयण के निर्माण में सम्भवतः अमोघवर्ष ने रुचि ली थी।[5] इस लयण में अङ्कित इस शासक के अभिलेख का प्रारम्भ **'ओम् नमः शिवाय'** से किया गया है।[6] अमोघवर्ष के काल में मन्त्रवाडि एवं शिग्गौन अभिलेखों से ज्ञात होता है कि सामन्त शासकों ने सूर्य एवं शिव मन्दिरों के लिए दान दिये थे।[7]

अमोघवर्ष ने इस प्रकार न केवल प्रजावत्सलता, सांस्कृतिक अभिरुचि एवं धार्मिक सहिष्णुता का एक मानदण्ड स्थापित किया बल्कि शासकों में एक जैन शासक के रूप में महान् योगदान दिया।

---

1. वही, श्लोक 2।
2. अमोघवर्ष के सञ्जान (वही, भाग 18, पृष्ठ 243, श्लोक 1), जवखेड (वही, भाग 32, पृष्ठ 130, पंक्ति 1); तरसादी (*जर्नल ऑफ दि ओरियण्टल इंस्टीच्यूट*, बड़ौदा, भाग 20, संख्या 2, पृष्ठ 150, पंक्ति 1) एवं सिरूर अभिलेख (*इण्डियन एण्टिक्वेरी*, भाग 12, पृष्ठ 218, पंक्ति 1); तथा उसके काल का नीलगुण्डि अभिलेख (*एपिग्राफिया इण्डिका*, भाग 6, पृष्ठ 287, श्लोक 1)।
   स बोव्याद्वेधसा धाम यन्नाभिकमलं कृतं।
   हरश्च यस्य कान्तेन्दुकलया कमलं कृतं।।
3. *एपिग्राफिया इण्डिका*, भाग 6, पृष्ठ 102, श्लोक 1।
   जयति भुवन कारणं स्वयंभूर्ज्जयति पुरेन्द्रनन्दनो मुरारिः (।)
   जयतु गिरिसुता निरुद्धदेहो दुरितभयापहरो हरश्च देवः (।)
   विष्णु एवं शिव के सम्बन्ध में दूसरा श्लोक वही है जो पूर्व टिप्पणी में उद्धृत है।
4. वही, पृष्ठ 287, पंक्ति 1।
5. द्रष्टव्य, 'अमोघवर्ष के व्यक्तित्व का मूल्यांकन : योद्धा एवं कजा और साहित्य का संरक्षक पूर्वांश, अध्याय 14, पृष्ठ 44।
6. *आर्क्योलाजिकल सर्वे ऑफ वेस्टर्न इण्डिया*, भाग 5 पृष्ठ 87, पंक्ति 1।
7 *एपिग्राफिया इण्डिका*, भाग 5 पृष्ठ 201 एवं आगे; *कर्णाटक इंस्क्रिप्शंस*, भाग 1, पृष्ठ 13 एवं आगे।

अध्याय 16

अमोघवर्ष की मूर्ति

बादामी के एक जैन गुहा के समीप जहाँ कोष्ट्राय राजा की मूर्ति है, बोधिसत्त्व जैसी एक अन्य मूर्ति को अमोघवर्ष की मूर्ति के रूप में मानने का सुझाव डी.आर. भण्डारकर ने दिया था कि सम्भवतः जब अमोघवर्ष ने राज-काज से अपने को मुक्त कर लिया था तब संन्यस्त होकर बादामी में तपश्चर्या की होगी और वहीं उसकी मूर्ति निर्मित की गयी होगी।[1]

अमोघवर्ष द्वारा राजकार्य से संन्यास का प्रश्न विवादित है।[2] अतः इस आधार पर सन्दर्भित मूर्ति को अमोघवर्ष से सम्बद्ध करना समीचीन नहीं जान पड़ता। यह भी ध्यान देने की बात है कि सन्दर्भित मूर्ति बोधिसत्व जैसी कही गयी है जब कि अमोघवर्ष का बौद्ध होना किसी भी प्रकार मान्य नहीं हो सकता।

कोष्ट्राय राजा के नाम को कुष्ट एवं राय शब्द के मेल से बना हुआ माना गया है और यह प्रचलित है कि एक राजा जिसे कुष्ट रोग हो गया था यहाँ तपश्चर्या करके रोगमुक्त हुआ। उसी राजा की मूर्ति कोष्ट्राय राजा की मूर्ति कही जाती है। इस कथा के पीछे यह तथ्य जान पड़ता है कि मूर्ति के शिर भाग पर श्वेत चप्पड़ दिखायी देते हैं जिसके कारण कुष्ट रोग सम्बन्धी कथा चल पड़ी।[3]

इस बात की सम्भावना की जा सकती है कि कोष्ट्राय शब्द कोष्ट एवं राय के स्थान पर राष्ट्रकूट एवं राय शब्दों के मेल से बना हो जो मूर्ति के श्वेत चप्पड़ों के कारण कुष्ट से सम्बद्ध होकर कोष्ट शब्द में परिवर्तित हो गया हो। इस प्रकार कोष्ट्राय राजा की मूर्ति में किसी राष्ट्रकूट राजा को देखा जा सकता है। मूर्ति का अङ्कन राजपुरुष जैसा साभरण मण्डित है। यह राष्ट्रकूट राजा अमोघवर्ष

---

1. *प्रोग्रेस रिपोर्ट ऑफ दि आर्क्यालाजिकल सर्वे ऑफ इण्डिया, वेस्टर्न सर्किल, 1909-1910,* पृष्ठ 41-42; *एपिग्राफिया इण्डिका,* भाग 18, 1925-26, पृष्ठ 242।
2. द्रष्टव्य, 'अमोघवर्ष का शासन से सन्यास का प्रश्न' पूर्वाश, अध्याय 12, पृष्ठ 79-80।
3. *प्रोग्रेस रिपोर्ट ऑफ दि आर्क्यालाजिकल सर्वे ऑफ इण्डिया, वेस्टर्न सर्किल, 1909-1910,* पृष्ठ 4।

से इस आधार पर सम्बन्धित किया जा सकता है कि अमोघवर्ष के सामन्त बङ्केय ने सम्भवतः बादामी के किसी वल्लभ नामधारी विरोधी को परास्त किया था। अतः विजय प्राप्त किये हुए राजा की मूर्ति रची गयी होगी। किन्तु इस सुझाव में सम्भावनाओं का आधार ही प्रमुख है।[1]

---

1. द्रष्टव्य, 'अमोघवर्ष के काल का अन्तिम उपद्रव तथा गुजरात शाखा के राष्ट्रकूटों के विद्रोह का प्रश्न पूर्वांश, अध्याय 8, पृष्ठ 29-30। अमोघवर्ष को कर्क्क द्वितीय के कर्डा अभिलेख में चालुक्यों के लिए कालाग्नि जैसा कहा गया है। (*इण्डियन एण्टिक्वेरी*, भाग 12, पृष्ठ 264, पंक्ति 3)। **तस्य श्रीमद्मोघवर्षनृपतिश्चालुक्यकालानलः।**

राष्ट्रकूटवंशतिलक अमोघवर्ष का सञ्जान अभिलेख

अमोघवर्ष के प्राप्त 7 अभिलेखों– [1. जवखेड अभिलेख शक संवत् 741 (410 ई.), 2. कोन्नूर अभिलेख शक संवत् 741 (460 ई.), 3. नीलगुण्डि अभिलेख शक संवत् 744 (466 ई.), 4. सिरूर अभिलेख शक संवत् 744 (466-7 ई.), 5. संजान अभिलेख शक संवत् 793 (471 ई.), 6. तरसादी अभिलेख एवं 7. एलोरा दशावतार लयण अभिलेख] में संजान नामक स्थान से प्राप्त अभिलेख सर्वप्रमुख माना जाता है।

संजान अभिलेख

प्राप्तिस्थान : संजान, ठाणा जनपद, महाराष्ट्र

तिथि : शक संवत् 793 (471 ई.)

भाषा : संस्कृत

लिपि : ब्राह्मी

सम्पादक : देवदत्त रामकृष्ण भण्डारकर

एपिग्राफिया इण्डिका, भाग 14, 1915-16 ई., पृष्ठ 135-157 पुनर्प्रकाशन राजबली पाण्डेय, *हिस्टोरिकल एण्ड लिटरेरी इंस्क्रिप्शंस,* 1961 पृष्ठ 146-156

अमोघवर्ष के संजान अभिलेख की मुद्रा

अमोघवर्ष प्रथम के संजान अभिलेख के ताम्रपत्र का मूल पाठ

(प्रथम ताम्रपत्र अग्र भाग)

पङ्क्ति

1. ॐ [।।*] स वोव्याद्वेधसा धाम यान्नाभिकमलं कृतं। हरस्य यस्य कान्तेन्दुकलया कमलंकृतं॥[2] [1*], अनन्तभोगस्थितिरत्र पातु वः प्रतापशीलप्रभावोदयाचलः [I*]
2. [3]शुराष्ट्रकूटोच्छ्रितवंशपूर्वजः स वीरनारायण एव यो विभुः।[4] [।2*] तदीयवीर्य्यायतयादवान्वये क्रमेण वांर्द्धाविव रत्नसंचयः[I*] वभूव[5] गोविन्दमहीप्रतिर्भुवः[6]
3. प्रसाधनो[7] पृच्छकराजनः[8] ।। [3*] वभार[9] यः कौस्तुभविस्फुरद्रभस्तिविस्तीर्ष्णमुरस्थलं ततः [I*] प्रभातभानुप्रभवप्रभाततं हिरण्यं मेरुरिवाभितस्तटं [4*] मनांसि
4. यत्रासमयानि[10] सन्ततं वचांसि यत्कीर्त्तिविकीर्त्तनान्यपि। शिरांशि यात्पादनतानि वैरिणां यशांसि यत्तेजसि नेशुरन्यतः[5*], धनुस्समुत्सारिभूभृता मही प्रसारिता
5. येन पृथुप्रभाविना। महौजसा वैरितमो निराकृतं प्रतापशीलेन स कर्कराट् प्रभुः[6*] इन्द्रराजस्ततोगृह्णात्[11] यश्चालुक्यनृपात्मजां [I*]

---

1. मूल अभिलेख से पाठ, 2. अनुष्टुभ छन्द (श्लोक 1), 3. °सुराष्ट्र 4. वसन्ततिलका छन्द (श्लोक 1 से 6 तक), 5. बभूव, 6. °महीपतिर्भुवः, 7. प्रसाधनः, 8. °राजनन्दनः, 9. बभार, 10. यत्रासअ, 11. भण्डारकर ने °गृह्णाद्यश्चा° पाठ दिया

राक्षसेन विवाहेन रणेखे-

6. टकमण्डपे।।[12] [7*]

ततोभवद्दन्तिघटाभिमर्द्दनो हिमाचलादास्थितसेतुसीमतः[I*]

खलीक्रितोद्वृत्तमहीपमण्डलः कुलाग्रणीयो भुवि दन्तिदुर्गराट्॥[13][8*]

हिरण्य-

7. गर्भं राजन्यैरुज्जयन्यां[14] यदासितं[I*]

प्रतिहारीकृतं येन गुर्जरेशादिराजकम्।।[15][9*]

स्वयंवरीभूतरणांगणे ततस्स निर्व्यपेक्षं शुभतुंगवल्लभः[I*]

चकर्ष चालुक्यकुलश्री-

8. यं[16] [17]वला [18]द्विलोलपालिध्वजमालभारिणां।।[19] [10*]

[20]अयोध्यसिङ्घासनचामरोर्जितस्सितातपत्रोप्रतिपक्षराज्यभाक्[1*]

अकालवर्षो हतभूपराजको वभूव[21] राज-

9. रिषि[22] रशेषपुण्यकृत।।[11*]

ततः प्रभूतवर्षोभूद्धारावर्षस्ततश्शरै-

र्हारा[23] वर्षायितं ये संग्रामभुवि भूभुजा।।[24][12*]

युद्धेषु यस्य करवालनिकृत्तशत्त्रु-

मूर्धार्कवोष्णरासवपान-

10. मत्तः[25]।

आकण्ठपूर्णजठरः परितृप्तमृत्यु-

रुद्गारयन्निव स काहलधीरनादः।।[26][13*]

गङ्गायमुनयोर्म्मध्ये राज्ञो गौडस्य नश्यतः [I*]

लक्ष्मीलीलारविन्दानि श्वेतच्छ्त्राणि यो हरेत्[27]॥[28] [41*]

11. व्याप्ता विश्वम्भरान्तं शशिकरधवला यस्य कीर्त्ति[29] समन्तात्

प्रेंखच्छं[30] कालिदमुक्ताफलशतशफरानेक फेनोर्म्मिरुपैः[31]।

पारावारान्वतीरोत्तरचमविरलं कुर्वतीव प्रयाता स्व-

---

12. अनुष्टुभ छन्द (श्लोक 7), 13. वसन्ततिलका छन्द (श्लोक 4) 14. ⁰यिन्यां, 15. अनुष्टुभ छन्द (श्लोक 9), 16. श्रियं, 17. वसन्ततिलका छन्द (श्लोक 10 एवं 11), 18. ⁰बला, 19. ⁰भारिणीं, 20. ⁰सिंहासन, 21. बभूव, 22. राजर्षि⁰, 23. ⁰शरै धारा⁰, 24. अनुष्टुभ छन्द (श्लोक 11), 25. भण्डारकर ने पानमतः पाठ लिया है, एच. शास्त्री ने मूल पाठ मत्तः कहा है जिससे राजबली पाण्डेय ने पानमत्तः पाठ माना है, 26. वसन्ततिलका छन्द (श्लोक 13), 27. भण्डारकर ने हरत् पाठ लिया है, राजबली पाण्डेय ने पादटिप्पणी में हरत पाठ सुझाया है 28. अनुष्टुभ छन्द (श्लोक 14), 29. कीर्त्तिः, 30. ⁰च्छूंखालि⁰, 31. ⁰रूपैः,

12. ग्र्ग[32] गीर्वाणहारद्विरदसुरसरिद्धांत्त[33]राष्ट्रच्छलेन।।[34][15*]
प्राप्तो राज्याभिषेक निरुपमतनयो य[35] स्वसामन्तवर्ग्गा-
त्स्वेषां[36] स्वेषां[37] पदेषु प्रकटमनुनयै[38] स्थापयिष्यानश-
13. षाम्[39]।
पित्रा यूय[40] समाना इति गिरमरणीम्मन्त्रिवर्ग[41] त्रिवर्गो
द्युक्तः कृत्येषु दक्षः क्षितिमवति यदोन्मोक्षयन्वद्ध[42]गंगं (म्)।।[16*]
दुष्टांस्तावत्स्वभृत्यां[43] झटिति विघ-
14. टिता[44] स्थापितान्वेशपाशां[45]
युद्धे युद्ध्वा स वद्ध्वा[46] विषमतरमहोक्षानिवोग्रान्समग्रां[47] (न्) [I*]
मुक्त्वा सार्द्रान्तरात्मा विकृतिपरिणतौ वाडवग्निं समुद्रः
क्षोभोनाभूद्विपक्षान-
15. पि पुनरिव तां[48] भूभृतो यो वभार[49][17*]
उपगतविकृतिः कृतघ्नगंगो यदुदितदण्डपलायनोनुवन्धा-
ध्यपगत[50]पदशृंखलः खलो यस्सनिगलवन्धगलः[51]
16. कृतस्स येन।।[52] [18*]
श्रीमान्धाता विधातु[53] प्रतिनिधिरपरो राष्ट्रकूटान्वयश्री-
सारा[54]न्सारामरम्यप्रविततनगरग्रामरामाभिरामा-
मुर्व्वी[55] मुव्वश्वराणां मकु-
17. टमकरिकाश्लिष्टपादारविन्दः
पारावरोरुवारिस्फुटरवरशनां पातुमुभ्यु[56]द्यतो यः ॥[57][19*]
नवजलधरवीरध्वानगम्भीरभेरीरववधिरित[58]विश्वाशान्तरा-
18. लो रिपुणां[59] [I*]
पटुरवपदढक्काकाहलोत्तालतूर्यत्रिभुवनधवलस्योद्योगकालस्य कालः॥[60][20*]

---

32. स्वर्गं, 33. सरिद्धार्त्त, 34. स्रग्धरा छन्द (श्लोक 15-17), 35. यः, 36. ⁰वर्गान्स्वेषां, 37. राजबली पाण्डेय ने इस स्वेषां को अपने पाठ में नहीं लिया है, 38. ⁰नयैः, 39. स्थापयिष्यन्नशेषान्, 40. भण्डारकर ने यूयं पाठ सुझाया है, राजबली पाण्डेय ने यूय रखा है 41. भण्डारकर ने वर्गे पाठ सुझाया, राजबली पाण्डेय ने वर्गै सुझाया है, 42. ⁰न्बद्धीं⁰, 43. भृत्यात्र् भण्डारकर का सुझाव, 44. ⁰विघटितान्, 45. ⁰पाशान्, 46. ⁰बद्ध्वा, 47. र अक्षर पंक्ति के नीचे उत्कीर्ण है ⁰न्समग्रान् पढ़ें, 48. तान् पढ़ें 49. बभार पढ़ें, 50. भण्डारकर ⁰वन्धात्। व्यपनत्⁰, एच. शास्त्री ने मूल में ⁰ध्यपनत⁰ माना है, 51. ⁰बन्ध 51. पुष्पिताग्रा छन्द (श्लोक 14) 53. विधातुः , 54. भण्डारकर ने ⁰सारां सारा⁰ पाठ सुझाया, राजबली पाण्डेय ने ⁰सारा सारा⁰, 55. ⁰भिरामाम्। मुर्व्वी⁰, 56. ⁰पातुमभ्युं⁰, 57. स्रग्धरा छन्द (श्लोक 19), 58. ⁰बधिरितः⁰, 59. रिपूणां पढ़ें, 60. मालिनी छन्द (श्लोक 10),

भूभृन्मूर्द्धि[61] सुनीतपादविशरः[62] पुण्योदयस्तेजसा
क्रान्ताशे-

19. वदिगन्त ✗ प्रतिपदं प्राप्तपदोन्नतिः [I*]
भूयो योप्यनुरन्ता[63]मण्डलयुत (:) ✗ पद्माकरानन्दितो
मार्तण्ड[64] स्वयमुतरा[65]यणगतस्तेजोनिधिर्दुस्सहः ।।[66][21*]
स नाग-

20. भटचन्द[67]गुप्तनृपयोर्यशौर्य[68]
रणेस्वहार्य[69]धैर्यं विकलानयोन्मीलयत्[70][I*]
यशोर्ज्जनपरो नृपानस्वभुवि शालिसस्यानिव
पुन ✗ पुनरतिष्टि[71]-

21. पत्स्वपद एव चान्यानपि ।।[72] [22*]
हिमवत्पर्व्वतनिर्झराम्वु[73] तुरगैः वीतञ्च[74] गङ्गजै[75]-

प्रथम ताम्रपत्र पृष्ठ-भाग

22. र्द्धवनितं मज्जनतूर्यकैर्द्विगुणितं भूयोपि तत्कन्दरे[I*]
स्वयमेवोपनतौ च यस्य महतस्तौ धर्म्मचक्रायुधौ
हिमवान्कीर्त्तिसरूपतामुपगतस्त-

23. त्कीर्त्तिनारायणः ॥[76] [23*]
तत[77] प्रतिनिवृत्य तत्प्रकृत[78]भृत्यकर्मेत्वययः [79]
प्रतापामिव नर्म्मदातटमनुप्रयात ✗ पुनः [I*]
सकोशलकलिंगवेगि[80]डहलौड्रक[॰ा]

24. न्मालवां[81]
विलभ्य निजसेवकै[82] स्वयमवूभुजद्विक्रमः[83] ।।[84] [24*]

---

61. ॰न्मूर्ध्नि, 62. विसरः पढ़ें, 63. ॰प्यनुरक्तीं॰, 64. मार्तण्डः, 65. ॰मुत्तरा॰, 66. शार्दूलविक्रीडित छन्द (श्लोक 11), 67. भण्डारकर ने लिखा '॰चन्द्र॰ पढ़ें, एच. शास्त्री ने मूल में ही चन्द्र माना है, 68. र्यशोर्यं पढ़ें, 69. रणेष्वहार्य पढ़ें, 70. धैर्यंविकलानयोन्मूलयत् पढ़ें, 71. रतिष्ठि पढ़ें, एच. शास्त्री ने मूल में ही रतिष्ठि माना है, 71. पृथ्वी छन्द (श्लोक 11), 73. ॰म्बु
74. ॰पीतञ्च, 75. भण्डारकर गाङ्गं गजै॰, राजबली पाण्डेय गाङ्गं गज (सम्भवतः प्रेस छापे की गलती), 76. मत्तेभवक्रीडित छन्द (श्लोक 13), 77. ततः पढ़ें, 78. ॰प्रकृति॰, 79. भण्डारकर ॰त्वयं, राजबली पाण्डेय त्वय (सम्भवतः प्रेस छापे की गलती), 80. भण्डारकर वंग, एच. शास्त्री ने आन्ध्र देश के वेंगि की सम्भावना की है, राजबली पाण्डेय ने समुद्रगुप्त के कौशाम्बी - प्रयाग अभिलेख के वेंग की सम्भावना की है, यह शब्द आगे श्लोक में भी आया है, 81. ॰न्मालवान्
82. सेवकैः पढ़ें, 83. ॰मवूभुजद्वि॰ पढ़ें, 84. पृथ्वी छन्द (श्लोक 14)

प्रत्यावृत्तः प्रातिराज्यं विधेयं कृत्वा रेवामुत्तरं[85] विन्ध्यपादे [I*]
कुर्व्वन्धर्म्मकीर्त्तनैः पुण्य (वृ) न्दैरध्यष्टात्तान्सो-[86]
25. चितां राजधानी[87]।।[88] [25*]
मण्डलेशमहाराजसर्व्वस्व[89] यद्भूद्भुवः।
महाराजसर्व्व[90]स्वामी भावी तस्य सुतोजन।।[91] [26*]
यज्जन्मकाले दैवज्ञैरादिष्ठ (ष्टं) विषहो भुवं [I*]
भक्तेति हि-
26. मवत्सतुपर्यान्ताम्वुधि[92]मेखलां।।[27*]
योद्धारोमोघवर्षेण[93]वद्धा ये व युधिद्विषः[I*]
मुक्ता ये विकृतास्तेषां भस्मतश्शृंखलोद्धरितिः[28*]
तत ᳵ प्रभूतवर्षस्सम्स्वसंपूर्णम-
27. नोरथः [I*]
जगतुंगस्स[94]मेरुर्वा भूभृतामुपरि स्थितः॥[29*]
उदतिष्ठदवष्टम्भं भंक्तुं द्रविलभूभृतांख्ताम्,[I*]
स जागरणचिन्तास्थमन्त्रणभ्रान्त चेतसां (साम्)।।[30*]
प्रस्थानेन हि के-
28. वलं प्रचलति स्वच्छादिताच्छादिता
धात्रो विक्रमसाधनैस्सकलुषं विद्वेषिणां द्वेषिणां (णाम्) [I*]
लक्ष्मीरप्युरसो लतेव पवनप्रायासिता यासिता
धूलिर्नैव दिशो-
29. गमद्रिपुयशस्सन्तानकं तानकं(कम्)।।[95] [31*]
त्रस्यत्केरलपाण्ड्यचौलिकनृपस्संपल्लवं पल्लवं
प्रम्लानिं गमयन्कलिंगमगधप्रायासको यासकः
गर्ज्जद्गुर्जरमीशौ-[96]
30. शौर्यविलयो लंकारयन्नुद्योग[97]
स्तदनिन्द्यशासनमतस्सद्विक्रमो विक्रमः।।[32*]

---

85. रेवामुत्तरां पढ़ें, 86. ⁰रध्यष्टात्तां स्वो⁰ पढ़ें, 87. राजधानीं पढ़ें, 88. शालिनी छन्द (श्लोक 25), 89. मण्डलेशो महाराजः शर्व्वः स्वो पढ़ें, 90. महाराजः शर्व्वः पढ़ें, 91. अनुष्टुभ छन्द (श्लोक 26-30), 91. ⁰त्सेतुपर्यान्ताम्बुधि⁰ पढ़ें, 93. बद्धा ये च पढ़ें, 94. जगत्तुंग⁰ पढ़ें, डी. आर. भण्डारकर का सुझाव जगतुङ्ग पढ़ने का है, 95. शार्दूलविक्रीडित छन्द (श्लोक 31-31), 96. ⁰मौलि⁰ पढ़ें, 97. लंकारयन्नुद्योगै⁰ पढ़ें, राजबली पाण्डेय का पाठ सुझाव लकारयन्नुद्योगै (सम्भवतः छापे की गलती से),

निकृतिविकृतगंगाश्रृंखलोवद्धनिष्ठाः[98]
भृतिमयुरनुकूला मण्डलेशा[99] स्वभृ-
31. त्या[I*]
विराजसमहितेनु[100]र्यस्व वाह्यालिभूमिं
परिवृति[101] विष्ट्या वेंगिनाथा दयोपि।।[102] [33*]
राजामात्यवरारिव स्वहितकार्यालस्यनष्टौ
हठाद्दण्डनैव नि-
32. यम्य मूकवधिरावानीय[103] हेलापुरे[I*]
लंकातच्छिल[104] तत्प्रभुप्रतिकृती का (ञ्ची) (श्री) मुपेतौ[105] ततः
कीर्त्तिस्तम्भनिभौ[106] शिवायतनके येनेह संसस्थापितौ[107]।।[108] [34*]
या-
33. स्वा[109] कीर्त्तिस्तृलोक्या[110]न्निंजभुवनभरं भर्त्तुमासीत्समर्थः
पुत्रश्चाचास्माकमेकस्फलमिति कृतं ज्जन्म[111] धर्मैरनेकैः [I*]
किं कर्त्तु[112] स्थेय[113]मस्मिन्निति विम-
34. लय ✗ शपुण्यशोपान[114]मार्गं[115]
स्वर्ग्योत्तुंगसौध[116] प्रति रदनुपमः[117]
कीर्त्तेम्रे (मे) वानुयात्तः (तः)।।[118] [35*]
वन्धूनां[119] वन्धुराणा[120] मुचितनिजकुले पूर्व्वजानां प्रजानां[121] जाता-
35. नां वल्लभानां भुवनभरितसत्कीर्त्तिमूर्त्तिस्थितां[122] [I*]
चातुं कीर्त्ति[123] सलोकां कलिकलुषमथो हंतुमंतो रिपूणां
श्रीमान्सिहा[124]सनस्थो वुधनुत[125]चरितोमोघव-
36. र्ष प्रशस्ति[126]।।[36*]
त्त्रातु[127]नम्रान्विजेतुं रणशिरसि परान्प्राथकेभ्य[128]-

---

98. °श्रृंखलोवद्धनिष्ठा° पढ़ें, 99. मण्डलेशाः पढ़ें, 100. °ममितेनु° पढ़ें, 101. परिवृतिमनु पढ़ें, 102. मालिनी छन्द (श्लोक 33), 103. °बधिरा° पढ़ें, 104. लंकातः किल पढ़ें, राजबली पाण्डेय ने लंकातच्छिल पाठ ही रखा है, 105. °मुपेते° पढ़ें, 106. °निभे पढ़ें, 107. संसस्थापिते पढ़ें, 104. शार्दूलविक्रीडित छन्द (श्लोक 34), 109. व्याप्ता पढ़ें, 110. °स्त्रिलोकीं निज° पढ़ें, 111. जन्म पढ़ें, 111. कर्त्तुं पढ़ें, 113. स्थेय° पढ़ें, 114. °सोपान° पढ़ें, 115. राजबली पाण्डेय ने मार्गः पाठ रखा है, 116. सौधं पढ़ें, 117. यदीं पढ़ें, 118. स्रग्धरा छन्द (श्लोक 35-37), 119. बन्धूनां पढ़ें, 120. बन्धुराणा° पढ़ें, राजबली पाण्डेय ने बन्धुराणां पाठ रखा है, 121. एच. शास्त्री ने मूल पाठ °जानाम्प्रजानां° माना है, 122. °मूर्त्तिस्थितानाम् पढ़ें, 123. कीर्त्तिं पढ़ें, 124. °न्सिंहा° पढ़ें, 125. बुध° पढ़ें, 126. °वर्षः प्रशस्ति पढ़ें, 127. त्रातुं पढ़ें, 128. प्रार्थकेभ्यः पढ़ें,

✗ प्र (।) दातुं निर्वोढुं रूढिसत्त्वं धरणिपरिवृढो नेदृशोनयः[129][I*]
इत्थं प्रोत्थाय सार्थं पृथुरवपद-
37. ढक्कादिमन्द्रप्रघोषो
यसोन्द्रस्येव[130] नित्यं ध्वनति कलिमलध्वन्सिनो[131] मन्दिराग्रे।।[37*]
दृष्ट्वा तन्नवराज्यमूर्ध्नि (त) वृह[132]द्धर्म्मप्रभावं नृपं
भूय[133] षोडशराज्य-
38. वत्कृतयुग ✗ प्रारम्भ[134] इत्याकुलः [I*]
नश्यन्नन्तरनुप्रविश्य विषमो मायामयोसौ कलिः
सामन्तान्सचिवन्स्ववान्धव[135]जनानक्षोभयत्स्वीकृताम्[136]।।[137][38*]
39. शठमत्रं[138] प्रविधाय त्कूट[139] शपथैरोशस्वतंत्त्रा[140] स्वयं
विनित्योचित्युक्तकारिपुरुषान्सर्वे स्वयं ग्राहिणः [I*]
परयोषिदुहिता[141] स्वसेति न पु-
40. नर्भेद ✗ पशूनामिव
प्रभुरेवं कलिकालमित्य[142]वसितं सद्वृत्तमुधृत्तः[143] ॥[144] [39*]
विततमहिमधाम्नि व्योम्नि संहृत्य धाम्ना-
मितवति महतीन्द्रोर्म्मण्ड-
41. लं तारांकाश्च[145] [I*]
उदयमहिमभाजो भ्राजितास्सप्रतापे
विरतवति विजिह्माश्चोर्ज्जितास्तावदेव (वः)।।[146] [40*]
गुरुवुध[147]मनुयातस्सार्य[148]पातालभल्ला-
42. दुदयगिरिमहिनो रट्टमार्तण्डदेवः। .
पुनरुदयमुपेत्योधृत्त[149]तेजस्विचक्रं
प्रतिहतमथ कृत्वालोकमेक[150] पुनाति।। [41*]
राजात्मा मन एव तस्य
43. सचिवस्सामन्तचक्रं

---

129. डी. आर. भण्डारकर का सुझाव नेदृशोनयः के बाद समर्थः जोड़ने का है, 130. यस्ये° पढ़ें, 131. °ध्वंसिनो पढ़ें, 131. °बृह° पढ़ें, 133. भूयः पढ़ें, 134. °युगप्रारम्भ° पढ़ें, 135. °न्सचिवान्स्वबान्धव° पढ़ें, 136. °स्वीकृतान् पढ़ें, 137. शार्दूलविक्रीडित छन्द (श्लोक 34), 134. °मन्त्रं पढ़ें, 139. कूट° पढ़ें, 140. °स्वतंत्राः पढ़ें, 141. °षिदुहि° पढ़ें, 142. °काल इत्यीं पढ़ें, 143. डी. आर. भण्डारकर ने °मुदृत्ततः पाठ सुझाया है, राजबली पाण्डेय का सुझाव °उद्धृतः पाठ करने का है, 144. मत्तेभविक्रीडित छन्द (श्लोक 39), 145. तारकाश्च पढ़ें, 146. मालिनी छन्द (श्लोक 40-41), 147. °बुध° पढ़ें, 148. °स्सोर्य° पढ़ें, 149. °त्योद्दृत्त° पढ़ें, 150. °मेकः पढें,

पुनस्तनीत्येन्दिय[151]वर्ग एष विधिवद्वागादयास्सेवका: [I*]
देहस्वानमधिष्ठित[152] स्वविषयं भोक्तु[153] स्वतन्त्रः क्षमस्त

द्वितीय ताम्रपत्र अग्र भाग

44. स्मन्भोक्तरि[154] सन्निपातविवशे सर्व्वेपि नश्यन्ति ते॥[155] [42*]
दोषानौषधवद्धनाननिलवत्शुष्केन्धे[156]नान्यग्निवत्
ध्वान्तं भानुवदात्मपूर्व्वज-
45. समाम्नायागतान्द्रोहकान [I*]
संतापान्विनिहत्य[157] यः कलिमलं धांयादि-
46. सम्प्रान्ततः (1)
कीर्त्या चन्द्रिक एव[158] चन्द्रधवलच्छत्रश्रिया
47. भ्राजितः।।[43*]
यण्डाभिहतोत्तरोरिव[159] फलं मुक्ताफलं मण्डलात् [I]
यातं[160] शूकरयूथवद्गहनतस्तन्मन्दिरं हास्तिकं।
यात्कोपोग्र-
48. दवाग्निदग्धतनवः प्राप्ता विभूतिं पने[161] (1)
तत्पादोपनतप्रसादतनवः प्राप्तो[162] विभूतिम्पर[163]।।[44*]
यस्याज्ञां परिचक्रि[164] स्रजमिवाजस्र शि-
49. रोभिर्व्वहन्त्वादिग्दन्तिघटावलीमुखपटः कीर्त्तिप्रतानस्सतः[165] (1)
यत्रस्व[166] स्वकरप्रतापमहिमा कस्यापि दूरस्थितः (1)
तेजक्रान्त[167]समस्तभूभृदि-
50. न एवासौ न कस्योपरि।।[45*]
यद्वारे[168] परमण्डलाधिपतयो दौवारीकैर्व्वारिकै-
रास्थानावसरं प्रतीक्ष्य वहि[169]रध्यासिता यासिता।
गाणिक्यं वरत्नमौ[170]-

---

151. डी. आर. भण्डारकर ने °स्तन्नोत्येन्द्रिय° पाठ सुझाया है, राजबली पाण्डेय ने स्तनीत्येन्द्रिय-, 151. °ष्ठितः पढ़ें, 153. भोक्तुं पढ़ें, 154. °स्मिन्भोक्तरि पढ़ें, 155. शार्दूलविक्रीडित छन्द (श्लोक 41-44), 156. °च्छुष्केन्ध° पढ़ें, 157. संतापाद्विनि° पढ़ें, 158. चन्द्रिकयेव पढ़ें, 159. यद्दण्डाभिहतात्तरो पढ़ें, 160. °लाद्यातं पढें, 161. परे पढ़ें, 162. प्राप्ता पढ़ें, एच. शास्त्री मूल में ही प्राप्ता पाठ मानते हैं, 163. °म्परै पढ़ें, राजबली पाण्डेय ने -म्परे पाठ रखा है, 164. चक्रिणः पढ़ें, 165. °स्सितः पढ़ें, 166. यत्रस्थः पढ़ें, 167. तेजःक्रान्त° पढ़ें, 168. यद्द्वारे पढ़ें, 169. बहि° पढ़ें, 170. वररत्न° पढ़ें,

51. तिꣳकचितं तद्धास्तिकं हास्तिकं (1)
नादास्याम[171] यदीति[172] यत्र निजकं पश्यन्ति नश्यन्ति च।।[46*]
सर्प्पं पातुमसो[173] ददो[174] निजतनुं जीमूत्केतोस्सुतः (1)
श्येनायाथ शिविः[175] क-

52. पोतपरिरक्षार्थं दधीचोऽर्थिने।
तेप्येकैकमतर्प्पयन्किल महालक्ष्म्यै स्वावामांगुलिं[176]
लोकोपद्रवशान्तये स्म दिशति श्रीवीरनारायणः।।[47*]

53. हत्वा भ्रातर-
मेव राज्यमहरद्देवीं च दीनस्ततो
लक्षं कोटिमलेखयन्किलं[177] कलौ दाता स गुप्तान्वयः[I*]
येनात्यापि तनु[178] स्वराज्यमसकृद्वाह्यार्थकैः[179] का कथा (1)
ह्री-

54. प्त[180]स्योन्नतिराष्ट्रकूठतिलको[181] दातेति कीर्त्याविपि[182]।। [48*]
स्वभुजभुजसनि[183]स्त्रिंशोग्रदंष्ट्रा
ग्रदष्टप्रवल[184] (वल) रिपुसमूहेमोघवार्थे मधीशे[185](1)
न दध-

55. ति पदगीतिव्याधिदुष्कालकाले[186] (1)
हिमशिशिरवसन्तग्रीष्मवर्षाशरत्सु।।[187] [49*]
चतुस्समुद्रपर्यान्तः[188] समुद्र[189] यत्साधितं [I*]
भग्ना समस्तभूपालमुद्रा ग-

56. रुडमुद्रया।।[190] [50*]
राजन्द्रास्ते[191] वन्दनीस्तु[192] पूर्वे येषान्धर्म्मा[193] पालानी[194]योस्मदादैः[195][I*]
ध्वस्ता दुष्टा वर्त्तमानास्सधर्म्म[196] प्रार्थ्या ये ते भाविनरू[197]
पार्थि[198]वेन्द्राः।।[199][51*]
भुक्त[200] कै-

---

171. नादास्यामो पढ़ें परन्तु इससे छन्द बिगड़ जाता है, 172. यदेति पढ़ें, राजबली पाण्डेय का पाठ यदेसि सम्भवतः छपे की गलती से है, 173. मसौ पढ़ें, मूल में सौ ही है, 174. ददौ पढ़ें, 175. शिबिः पढ़ें, 176. स्ववामां° पढ़ें, 177. लेखयत्किल पढ़ें, 178. तनुः पढ़ें, 179. °द्ग्राह्या° पढ़ें, 180. ह्रीस्त° पढ़ें, 181. °कूट° पढ़ें, 182. कीर्त्यामपि पढ़ें, 183. °भुजगनि° पढ़ें, 184. °प्रबल° पढ़ें, 185. महीशे पढ़ें, 186. °काला पढ़ें, 187. मालिनी छन्द (श्लोक 49) , 188. °पर्यन्तं पढ़ें, 189. स्वमुद्रं पढ़ें, 190. अनुष्टुभ छन्द (श्लोक 50), 191. राजेन्द्रा° पढ़ें, 192. वन्दनीयाअ पढ़ें, 193. येषां धर्म्म° पढें, 194. पालनी° पढ़ें, 195. °दाद्यैः पढें, 196. °स्वधर्म्यं पढ़ें, 197. भावि° पढ़ें, 198. °पार्थि° पढ़ें, 199. शालिनी छन्द (श्लोक 51-51),

57. श्चिक्रमेणापरेभ्यो[201] दत्तं चान्यैस्त्यक्तमेवापरैर्यत् [I*]
कस्था[202]नित्ये तत्र राज्य[203] महद्भिः कीर्त्या[204] धर्म्मः
केवलं पालनीयं[205] ।। [52*]
तेनेदमनिलविद्युचञ्चल[206]समवलो-
58. का जीवितमसारं (1)
क्षितिदानपरमपुण्यं प्रवर्त्तितो ब्रह्म[207]दायोयं[191] ।।[208] [53*]
स च परमभट्टारकमहाराजाधिराजपरमेश्वरश्रीजगतुंगदेव[209]
पादानुध्यातपर-
59. मभट्टारकमहाराजाधिराजपरमेश्वरश्रीपृथ्वीवल्लभ श्रीमदमोघवर्ष-
श्रीवल्लभनरेन्द्रदेवः कुशली सर्व्वानिव यथासम्वन्ध्य[210]
मानकान्राष्ट्रपतिविषयपति-
60. ग्रामकूटयुक्तकनियुक्ताधिकारिकमहत्तारादीं[211] समादिशत्यस्तु (।।)
वस्सनंविदितं यथा मान्यखेटराजधा[212]न्यातस्थितेन मया
मातापित्रात्मन (क) श्चैहिकामु-
61. त्रिक पुण्ययशोभिवृद्धये।।@।।
करहडविनिर्गत[213]भरद्वामाग्निवेश्यानां आंगिरस पारुहस्पत्यानां
भारद्वानाजेसव्रह्म[214]चारिणे साविकूवारक्र-
62. भइतपौत्राय[215]। गोलसडगमिपुत्राय[216]। नरसिघदीक्षितः[217]। पुनरपि
तस्मै[218] विषयविनिर्गता[219]। तस्मै[220] गोत्रे च भट्टपौत्राय। गोविन्दभट्ट-
63. पुत्राय रच्छादित्यक्रमइतः[221]। तस्मिं देवे[222]। वड्डुमुखसब्रह्म[223] चारिणे
डावडिगहियसहास पौत्राय। विष्णुभट्ट (1) पुत्राय। तिविक्रम[224]-
64. षडंगभिः[225]। पुनरपि तस्मिं देषे[226] वच्छगोत्र[227]सब्रह्मचारिणे[228]।
हरिभट्ट पौत्राय। गोवादित्यभट्टपुत्राय। केसव[229]गम्हियसाहासः[230]

---

200. भुक्तं पढ़ें, 201. ⁰श्चिद्विक्र⁰ पढ़ें, 202. कास्था⁰ पढ़ें, 203. राज्ये पढें, 204. कीर्त्यै पढ़ें, 205. पालनीयः पढें, 206. ⁰च्चञ्चल⁰ पढ़ें , 207. ब्रह्म⁰ पढ़ें, 208. आर्या छन्द (श्लोक 53), 209. ⁰जगत्तुंग⁰ पढ़ें, 210. ⁰सम्बन्ध्य⁰ पढ़ें, 211. ⁰महत्तारादीन् पढ़ें, 212. ⁰न्यवस्थितेन पढ़ें, 213. ⁰भरद्वाजाग्निवेश्यांगिरसबार्हस्पत्यान⁰ पढ़ें, 214. भारद्वाजगोत्रसब्रह्म⁰ पढ़ें , 215. ⁰क्रमवित्⁰ पढ़ें, 216. ⁰षडंगवित्⁰ पढ़ें, 217. नरसिंहदीक्षिताय पढ़ें, 218. ⁰तद्विषय⁰ पढ़ें, 219. विषयविनिर्गताय पढ़ें, 220. तस्मिन्⁰ पढ़ें, 221. क्रमविदे⁰ पढ़ें, 222. तस्मिन्देशे पढ़ें, 223. ⁰ब्रह्म⁰ पढ़ें, 224. त्रि⁰ पढ़ें, 225. ⁰गविदे पढ़ें, 226. तस्मिन्देशे⁰ पढ़ें, 227. वत्स⁰ पढ़ें, 228. ⁰ब्रह्म⁰ पढ़ें, 229. केशव पढ़ें, 230. साहासाय पढ़ें,

द्वितीय ताम्रपत्र पत्र पृष्ठ-भाग

65. चतुकाः नां[231] ववृचसखानां[232]। पर्व[233] चतुकः[234] ब्राह्मणानां[235] ग्रामो दत्तः संजाणसमीपवर्त्तिनः[236]चतुर्विंशति[237] ग्राममध्ये। रुरिवल्लिकानामग्रामः तस्य चाघाट-

66. नानिः[238] पूर्वतः कल्लुवी समुद्रगामिनी नदी। दक्षिणतः उप्पलहत्थक[239] भट्टग्रामः। पश्चिमतः नन्दग्रामः। उत्तरतः धन्नवल्लिका-ग्रामः। अयं ग्रामस्य संज्जाने

67. पत्तने शुंकंन शुष्णयामिग्रामं सवृक्षमालाकुलं भोक्तव्यं। एवमयं चतुराघाटनोपलक्षितः सोद्रंगस्सपरिकरः सदण्डदसपराधः[240] सभूतापात्तप्रत्ययः[241] सोत्य-

68. द्यमानविष्टिकः सधान्यहिरण्यादेयः अचाटभटप्रवेश्यः सर्ववराजकीयानामहस्तप्रक्षेपणीया[242] आचन्द्राकर्णवक्षितिसरित्पर्व्वतसमकालिनः[243] पुत्रपौत्रान्वयक्रमो-

69. पभोग्यः पूर्व्व[244] पत्यब्रह्मदेवदेरहितोभ्यन्तर[245] सिद्धयाय भूमिछिद्रन्याएन[246] शकनृपकालातीतसंवत्सरशतेषु सप्तसु नवतृतयत्यधिकेषु[247] नन्दनसंवत्सरान्तर्गतपुष्य-

70. मास उत्तरायणमहापर्वणि वलि[248] चरुवैश्वदेवाग्निहोत्रतिवि[249] शं (सं) तर्पणार्ध्य[250] अद्योदकादिसर्गेण प्रतिपादितः अतोस्योचितया ब्रह्म[251] दायस्थित्या भुंजतो भोज-

71. यतः कृषतः कर्षयतः प्रविशतो वा न कैश्चित्यापि[252] पारिपन्थना कार्य्या तथागामिभद्रनृपतिभिरस्मद्वंश्यैरन्यैर्व्वा सामान्यं भूमिदानसमफलमवेत्य विद्युल्लोला-

72. न्यनित्यैस्श्वर्य्याणि त्रिणाग्र[253] लग्नजल[254] विन्दुचंचल च जीवितमाकलस्य स्वदायनिर्व्विशेषोयमस्मद्दाया[255] नुमन्तव्यः प्रतिपालयितव्यश्च ॥

---

231. चतुष्कानां पढ़ें, 232. ⁰बवृचशा⁰ पढ़ें, 233. एवं⁰ पढ़ें, 234. चतुष्कस्थं⁰ पढ़ें, 235. ब्रा⁰ पढ़ें, 236. ⁰वर्त्ति⁰ पढ़ें, 237. ⁰चतुर्विंशति, 238. ⁰नानि पढ़ें, 239. ⁰हत्थको पढ़ें, 240. ⁰दशापराधः पढ़ें, 241. ⁰पातप्रत्यायः पढ़ें, एच. शास्त्री के अनुसार मूल में संभूतोपात्त⁰ है, 242. ⁰णीयः पढ़ें, राजबली पाण्डेय का पाठ पीयः सम्भवतः छापे की गलती से है, 243. ⁰कालीनः पढ़ें, 244. ⁰प्रदत्तब्रह्म⁰ पढ़ें, 245. ⁰सिद्धया पढ़ें, 246. ⁰न्यायेन पढ़ें, 247. नवत्युत्तरभ्यधिकेषु पढ़ें, एच. शास्त्री के अनुसार त्रिनवत्य⁰ अथवा भयोनवत्य⁰, 248. ⁰बलि⁰ पढ़ें, 249. ⁰होत्रातिथि⁰ पढ़ें, 250. ⁰णार्ध्यं पढ़ें, 251. ब्रह्म⁰ पढ़ें, 251. कैश्चिदल्यापि पढ़ें, 253. ⁰तृणाग्र⁰ पढ़ें, 254. ⁰बिन्दु⁰ पढ़ें , 255. ⁰स्मद्दायो⁰ पढ़ें,

यश्चाज्ञानतिमिरपट-

73. लावृतमतिराच्छिद्य[256] मानकं चानुमोदेत स पंचभिर्महापातकैस्सो [257]पपातकैश्च
सयुक्त[258] स्याद्युक्त[259] च भगवता वेदव्यासेन व्यासेन।
षष्ठि[260] वर्षसहस्रा-

74. णि स्वर्गे तिष्ठति भूमिदः [I*]
आच्छेता(त्ता) चानुमन्ता च तान्येव नरके वसेत् [II*]
विन्ध्याटवोष्तोयासु शुष्ककोटरवासिनः[I*]
कृष्णसर्पा हि जायन्ते भूमिदानं हरन्ति

75. येत्र[261] ॥[55*]
अग्नेरपत्य[262] प्रथमं सुवर्णं भूवैष्णवी सूर्य्य सुताश्च गावः[I*]
लोकत्रयं तेन भावेद्धि दत्तं यः काण्चनं[263] गां च महीं च दद्यात् ॥[56*]
वहुभिर्व्वसुधा भुक्ता

76. राजभिस्सगरादिभिः[I*]
यस्य यस्य यदा भूमिस्तस्य तस्य तदा फलं।।[57*]
स्वदत्ताम्परदत्तां वा यात्नाद्रक्ष नराधिपं[I*]
महीं महिमतां[265] श्रेष्ठ दानाच्छेयो[266] नुपालनं ॥[58*]

77. इति कमलदलाम्वुविन्दुलोलान[267] श्रियमनुचिन्त्य मनुष्यजीवितं च[I*]
अतिविमलमनोभिरात्मनीन[268] हि पुरुष परि[269] कीर्त्तयो विप्याः[270]।।[59*]
लिखितं चौत[271] धर्माधि-

78. करण[272]सेनभोगिकेन वालभकायस्थवंशजातेन।
श्रीमदमोघवर्षदेवकमलानुजीविना गुणधवलेन वत्सराजसूनुना॥
महत्तको

79. गोगूराणक[273] राजास्व[274] मुखादेशेन
दूतकमिति[275]।। मंगल महश्री[276]।।*।।

---

256. मतिराच्छिन्द्यादाच्छिद्य पढ़ें , 257. ⁰पातकैरुप⁰ पढ़ें, 254. ⁰संयुक्तः पढ़ें, 259. ⁰स्यादिति। उक्तं पढ़ें, 260. षष्टिं पढ़ें, 261. ये पढ़ें, 261. अग्नेरपत्यं⁰ पढ़ें, 263. काञ्चनं⁰ पढ़ें, 264. ⁰बहुभि⁰ पढ़ें, 265. ⁰महीमतां पढ़ें, 266. ⁰च्छ्रेयो पढ़ें, 267. ⁰दलाम्बुबिन्दु⁰ पढ़ें, 264. ⁰रात्मनीनैर्न⁰ पढ़ें, 269. पुरुषै पर पढ़ें, 270. विलोप्या पढ़ें, 271. चौतद् पढ़ें, 272. धर्म्माधिकरणिकीं पढ़ें, 273. ⁰राणको पढ़ें, 274. ⁰राजस्वीं पढ़ें, 275. दूतक इति पढें, 276. मंगलं महाश्रीः पढ़ें,

अमोघवर्ष प्रथम के संजान अभिलेख के ताम्रपत्र का चित्र

प्रथम ताम्रपत्र अग्र-भाग

(पंक्ति 1-29)

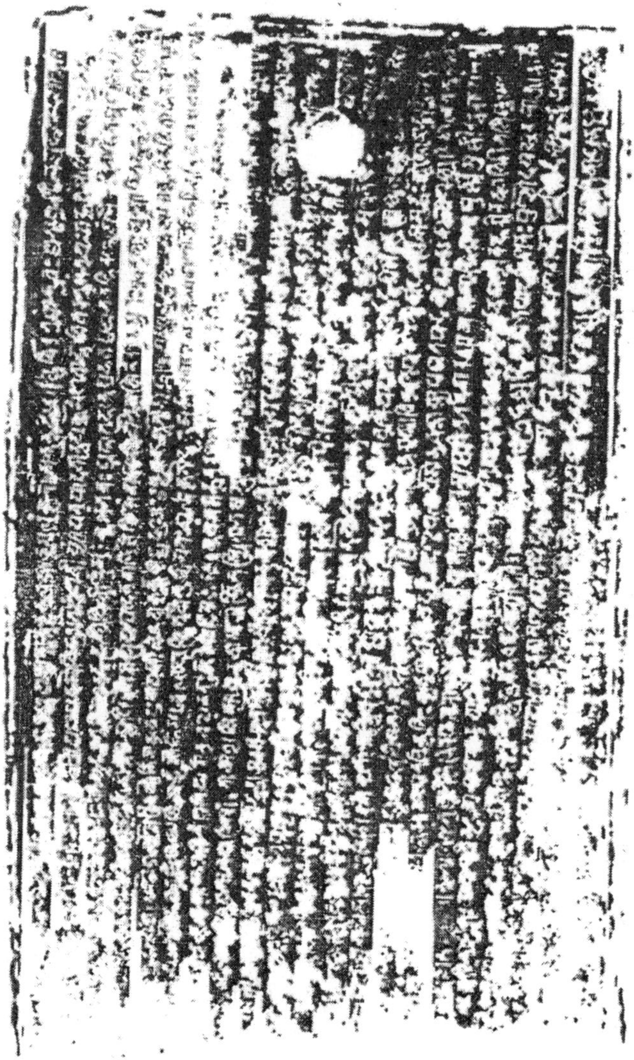

प्रथम ताम्रपत्र अग्र-भाग

(पंक्ति 22-43)

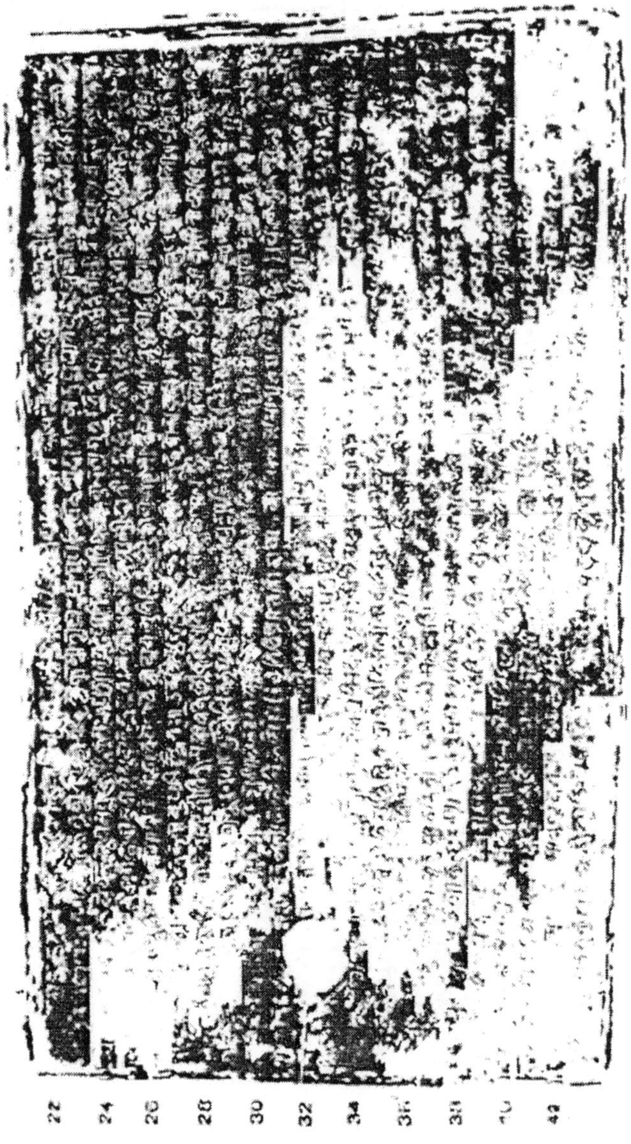

द्वितीय ताम्रपत्र अग्र-भाग

(पंक्ति 44 - 64)

द्वितीय ताम्रपत्र अग्र-भाग

(पंक्ति 65 - 79)

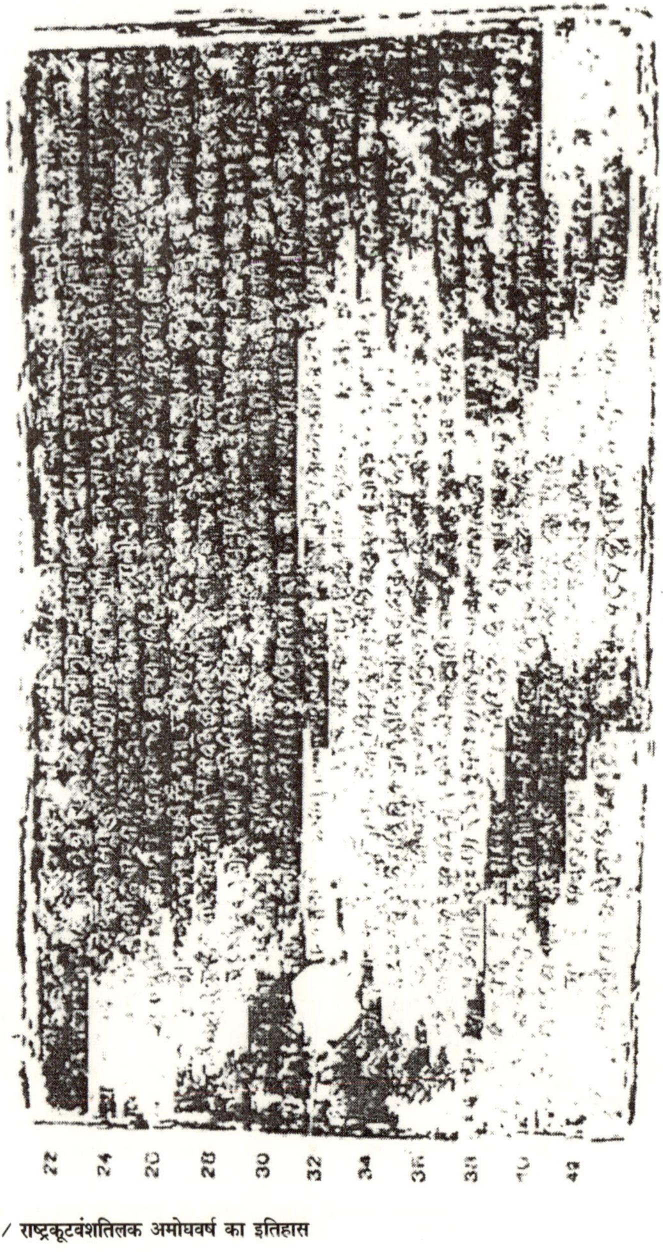

अमोघवर्ष का वंशवृक्ष

- **कक्कं प्रथम** (चालुक्य सामन्त के रूप में)
  - इन्द्र प्रथम
    - दन्तिदुर्ग (1) 753 ई. में स्वतन्त्र शासक (753-758 ई.)
  - कृष्ण प्रथम (2) (758-773 ई.)
    - गोविन्द द्वितीय (3) (773-780 ई.)
    - ध्रुव (4) (780-792 ई.)
      - स्तम्भ
      - कक्कं
      - गोविन्द तृतीय (5) (793-814 ई.)
        - **राष्ट्रकूटवंश तिलक अमोघवर्ष** (6) (814-880 ई.) (पत्नी असगव्वा)
          - दुद्दय्य
          - कृष्ण द्वितीय (7) (880-914 ई.)
          - रेवतीनिम्मडि (प्रथम पुत्री)
          - चन्द्रोबलब्बा (द्वितीय पुत्री) (गङ्ग भूतुग से विवाहित)
          - शङ्खा (सम्भवतः तृतीय पुत्री) (पल्लव नन्दिवर्मन् तृतीय से विवाहित)
      - इन्द्र (गुजरात शाखा)

सन्दर्भ ग्रन्थ सूची

(लेखक नाम, अकारादि क्रम से तथा एक ही लेखक की कई रचनाओं में प्रकाशन वर्ष क्रम से प्रस्तुत)

अमोघवर्ष — *प्रश्नोत्तरमालिका,* बेलगौम के पास शाहपुर के एक जैन व्यक्ति के पास हस्तलिखित प्रति सन्दर्भित, द्रष्टव्य, जे.एफ. फ़्लीट, *इण्डियन एण्टिक्वेरी,* भाग 12, पृष्ठ 217 18, एक श्लोक उद्धृत पृष्ठ 218 (नृपतुङ्ग भी देखिए)।

अल्तेकर, ए.एस. — 'सूरत प्लेट्स ऑफ कर्कराज सुवणवर्ष ऑफ दि गुजरात', राष्ट्रकूट ब्रांच, डेटेड शक ईयर 743, *एपिग्राफिया इण्डिका,* भाग 21, 1931, पृष्ठ 133-147।

दि राष्ट्रकूटज एण्ड देयर टाइम्स, पूना, 1934।

'दि राष्ट्रकूट एम्पायर', *दि एज ऑफ इम्पीरियल कनौज,* दि हिस्ट्री एण्ड कल्चर ऑफ इण्डियन पीपुल, भाग 4, सं.आर.सी. मजुमदार एवं अन्य, बम्बई, 1955, द्वितीय संस्करण, 1964, पृष्ठ 1-18, 'शर्व ऑर अमोघवर्ष', पृष्ठ 8-11।

'दि राष्ट्रकूटज', *दि अर्ली हिस्ट्री ऑफ दि डकन,* सम्पादक. जी. याजदानी, लन्दन, 1960, अध्याय 5, पृष्ठ 247-314।

इन्द्रजी, भगवानलाल — *दि अर्ली हिस्ट्री ऑफ गुजरात, बाम्बे गजेटियर,* भाग 1, खण्ड 2, बम्बई, 1896।

किटेल, एफ. — 'श्री कोंगू इंस्क्रिप्शन्स', *इण्डियन एण्टिक्वेरी,* भाग 6, 1877, पृष्ठ 99-103।

कीलहार्न, एफ. — 'थ्री इंस्क्रिप्शन्स फ्राम कण्हेरी', *इण्डियन एण्टिक्वेरी*, भाग 13, 1884, पृष्ठ 133 137।

'ऐहोल इंस्क्रिप्शन ऑफ पुलकेशिन् सेकेण्ड', शक संवत् 556, *एपिग्राफिया इण्डिका*, भाग 6, 1900-01, पृष्ठ 1-12।

'कोन्नूर (परमेश्वर टेम्पुल) स्पूरियस इंस्क्रिप्शन ऑफ अमोघवर्ष फर्स्ट' शक संवत् 782, *एपिग्राफिया इण्डिका*, भाग 6, 1900-01, पृष्ठ 5-38।

कृष्णमाचार्लु, सी.आर. — 'दि राष्ट्रकूटज', *साउथ इण्डियन इंस्क्रिप्शन्स*, भाग 11, बाम्बे-कर्नाटक इंस्क्रिप्शन्स, भाग 1, खण्ड 1, मद्रास, 1940, इण्ट्रोडक्शन, पृष्ठ 3-7।

कृष्णशास्त्री, एच. — 'उदयेन्द्रियम इंस्क्रिप्शन्स', *साउथ इण्डियन इंस्क्रिप्शन्स*, भाग 2, आयलाजिकल सर्वे ऑफ इंण्डिया, न्यू इम्पीरियल सीरीज, भाग 10, मद्रास, 1916, पृष्ठ 381-87।

गांगुली, ओ.सी. — *दि आर्ट ऑफ दि राष्ट्रकूटज*, कलकत्ता, 1958

गुणधर — *कसायपाहुड*, जयथवला टीका सहित, मथुरा, सं. फूलचन्द एवं अन्य, मथुरा, 1944।

कसायपाहुड, पत्रावली संस्करण, बम्बई।

गुणभद्र — *उत्तरपुराण*, सं. पन्नालाल जैन, वाराणसी, 1968।

जिनसेन — *पार्श्वभ्युदय*, टीका सहित निर्णय सागर प्रेस, बम्बई, 1909।

आदिपुराण, सं. पन्नालाल जैन, काशी, 1963।

जैन, पन्नालाल — गुणभद्र तथा जिनसेन देखिए।

जैन, लक्ष्मीचन्द्र — महावीर देखिए।

त्रिपाठी, शम्भूनाथ — शाकटायन देखिए।

नीलकान्त शास्त्री, के.ए. — 'अमोघवर्ष एण्ड कक्र्क सुवणवर्ष ऑफ लाट', *प्रोसीडिंग्स ऑफ इण्डियन हिस्ट्री कांग्रेस*, 10वाँ अधिवेशन, पृष्ठ 210-214।

	ए हिस्ट्री ऑफ साउथ इण्डिया, तृतीय संस्करण, आक्सफोर्ड युनिवर्सिटी प्रेस, 1966, "अमोघवर्ष', पृष्ठ 162।
नृपतुङ्ग	*कविराजमार्ग,* सम्पादक के.बी. पाठक, *बिब्लियोथिका कर्नाटिका,* सं. 5, बंगलोर, 1868, (अमोघवर्ष भी देखिए)।
पंचमुखी, आर.एस.	'शिग्गौन इंस्क्रिप्शन्स', *कर्णाटक इंस्क्रिप्शन्स,* भाग 1, कन्नड़ रिसर्च आफिस, धारवाड, 1941, अभिलेख संख्या 13, 14, 15, पृष्ठ 13-17।
पाठक, के.बी.	'नृपतुङ्ग'ज कविराजमार्ग', *दि जर्नल ऑफ दि बाम्बे ब्रान्च ऑफ दि रायल एशियाटिक सोसाइटी,* भाग 20, 1887 1900, पृष्ठ 22-39।
	'नृपतुङ्ग एण्ड दि आथरशिप ऑफ दि कविराजमार्ग (ए रिप्लाई टु डॉ. फ़्लीट), *दि जर्नल ऑफ दि बाम्बे ब्रान्च ऑफ दि रायल एशियाटिक सोसाइटी,* भाग 22, पृष्ठ 81-155 (नृपतुङ्ग भी देखिए)।
पाण्डेय, दीनबन्धु	'कोन्नूर अभिलेख में उल्लिखित वल्लभ', *प्रभा,* दयानन्द महाविद्यालय, वाराणसी, 1980-83, पृष्ठ 54-59।
	'अमोघवर्ष', (लगभग 814-80 ई.), *भारती,* बुलेटिन ऑफ दि कालेज ऑफ इण्डोलाजी, बनारस हिन्दू युनिवर्सिटी, प्रो. आर.बी. पाण्डेय वाल्यूम, अङ्क 15, 1971-84, पृष्ठ 97-122।
	'जैन शासक अमोघवर्ष', *परिसम्वाद-4, जैन विद्या एवं प्राकृत,* सम्पूर्णानन्द संस्कृत विश्वविद्यालय, वाराणसी, 1986, पृष्ठ 73-78।
पुरी, बी.एन.	*दि हिस्ट्री ऑफ दि गुर्जर प्रतिहारज,* बम्बई, 1657।
फ़्लीट, जे.एफ.	'ए सीरीज ऑफ संस्कृत एण्ड ओल्ड केनेरीज इंस्क्रिप्शन्स रिलेटिंग टु रट्ट चीफटेन्स ऑफ सौन्दत्ती एण्ड बेलगौम, कापीड फ्राम दि ओरीजिनल्स एण्ड एडिटेड विद ट्रांसलेशन, नोट्स एण्ड रिमार्क्स, *दि जर्नल ऑफ दि*

बाम्बे ब्रांच ऑफ दि रायल एशियाटिक सोसाइटी, भाग 10, 1971-74, पृष्ठ 167-298।

'संस्कृत एण्ड ओल्ड केनेरीज इंस्क्रिप्शन्स', *इण्डियन एण्टिक्वेरी*, भाग 12, 1883, पृष्ठ 156-165 एवं 215-225।

'तोर्खेडे प्लेट्स ऑफ दि टाइम ऑफ गोविन्दराज ऑफ गुजरात', शक सम्वत् 735, *एपिग्राफिया इण्डिका*, भाग 3, 1894-95, पृष्ठ 53-58।

'नीलगुण्ड इंस्क्रिप्शन ऑफ दि टाइम ऑफ अमोघवर्ष फर्स्ट ए.डी. 866, *एपिग्राफिया इण्डिका*, भाग 6, 1900-01, पृष्ठ 98-108।

'सम रेकार्ड्स ऑफ दि राष्ट्रकूट किंग्स ऑफ माल्खेड', *एपिग्राफिया इण्डिका*, भाग 6, 1900-01, पृष्ठ-160-168।

'सम रेकार्ड्स ऑफ दि राष्ट्रकूट किंग्स ऑफ माल्खेड', *एपिग्राफिया इण्डिका*, भाग 7, 1902-03, पृष्ठ 198-231।

'नोट्स आन इण्डियन हिस्ट्री एण्ड जियोग्राफी', अमोघवर्ष फर्स्ट एज ए पैट्रन ऑफ लिटरेचर, *इण्डियन एण्टिक्वेरी*, भाग 33, 1904, पृष्ठ 197-200।

'नोट्स आन इण्डियन हिस्ट्री एण्ड जियोग्राफी', कवीरश्वर'ज कविराजमार्ग, *इण्डियन एण्टिक्वेरी*, भाग 33, 1904, पृष्ठ 258-80।

'सम रेकार्ड्स ऑफ दि राष्ट्रकूट किंग्स ऑफ माल्खेड', *एपिग्राफिया इण्डिका*, भाग 13, 1915-116, पृष्ठ 176-194।

फूलचन्द — गुणधर तथा वीरसेन देखिए।

ब्युलर, जी. — 'इंस्क्रिप्शन्स फ्राम कावी', *इण्डियन एण्टिक्वेरी*, भाग 5, 1876, पृष्ठ 144-52।

ब्युलर, जी. एवं हुल्श, ई. — 'राठोर ग्राण्ट्स नं. थर्ड ए ग्राण्ट ऑफ ध्रुव थर्ड ऑफ भडोच', *इण्डियन एण्टिक्वेरी,* भाग 12, 1883, पृष्ठ 179-90।

बर्गेस, जे. — *रिपोर्ट आन दि एलुरा केव टेम्पुल्स एण्ड दि ब्राह्मनिकल एण्ड जैन केव्स इन वेस्टर्न इण्डिया,* आलाजिकल सर्वे ऑफ वेस्टर्न इण्डिया, भाग 5, नयी दिल्ली, 1970 पुनर्मुद्रित, दशावतार इंस्क्रिप्शन्स एट एलूरा, पृष्ठ 87-89।

ब्राउन, पी. — *इण्डियन आर्किटेक्चर* (बुद्धिस्ट एण्ड हिन्दू पीरियड्स), बम्बई, 1956।

भट, डी.आर. — 'जवखेड प्लेट्स ऑफ अमोघवर्ष फर्स्ट, शक 742', *एपिग्राफिया इण्डिका,* भाग 32, 1957, पृष्ठ 129-134।

भट्टाकलङ्क — *कर्णाटकशब्दानुशासनम्,* सं. बी.एल. राइस, *बिब्लियोथिका कर्नाटिका,* संख्या 2, बंगलोर, 1890।

भण्डारकर, डी.आर. — 'दि नौसारी कापर प्लेट चार्टर ऑफ दि गुजरात राष्ट्रकूट प्रिंस कर्क्क फर्स्ट, डेटेड शक 738, *जर्नल ऑफ दि बाम्बे ब्रांच ऑफ दि रायल एशियाटिक सोसाइटी,* भाग 20, 1897-1900, पृष्ठ 131-49।

'प्लेट्स ऑफ दन्तिवर्मन ऑफ गुजरात, शक सम्वत् 789', *एपिग्राफिया इण्डिका,* भाग 6, 1900-01, पृष्ठ 285-94।

'टू ग्राण्ट्स ऑफ इन्द्रराज थर्ड (फ्राम बेगुमरा), शक संवत् 836', *एपिग्राफिया इण्डिका,* भाग 9, 1907-08, पृष्ठ 124-41।

'बादामी' प्रोग्रेस रिपोर्ट ऑफ दि आयोलाजिकल सर्वे ऑफ इण्डिया, वेस्टर्न सर्किल, फार दि ईयर एन्डिंग 31 मार्च 1910, पृष्ठ 41-42।

'सञ्जान प्लेट्स ऑफ अमोघवर्ष फर्स्ट, शक 793', *एपिग्राफिया इण्डिका,* भाग 18, 1925-26, पृष्ठ 235-57।

भण्डारकर, आर.जी.	'ट्रांस्क्रिप्ट्स एण्ड ट्रांस्लेशंस विद रिमार्क्स ऑफ राष्ट्रकूट एण्ड कल्चुरी कापर प्लेट ग्राण्ट्स', *जर्नल ऑफ दि बाम्बे ब्रान्च ऑफ दि रायल एशियाटिक सोसाइटी,* भाग 23, 1890-94, पृष्ठ 239-81; 'राष्ट्रकूट ग्राण ट्स फ्राम नवसारी एण्ड देओली', पृष्ठ 239-253 एवं 253-296।
	दि अर्ली हिस्ट्री ऑफ दि डकन, बाम्बे गजेटियर, भाग 1, खण्ड 2, बम्बई, 1896; द्वितीय संस्करण, *कलेक्टेड वर्क्स ऑफ आर.जी. भण्डारकर,* भाग 3, पृष्ठ 1-198, पूना, 1927, तृतीय संस्करण, *अर्ली हिस्ट्री ऑफ दि डकन,* कलकत्ता, 1957, पुनर्मुद्रित।
महावीर	*गणितसारसंङ्ग,* सं. लक्ष्मीचन्द्र जैन, सोलापुर, 1963।
मार्शल, जे.	'संस्कृतिक एपिग्राफी', *एनुअल रिपोर्ट ऑफ दि डाइरेक्टर जेनरल ऑफ आर्कोलाजी इन इण्डिया,* 1919-20, कलकत्ता, 1922, पृष्ठ 32-36।
याजदानी, जी. (सं.)	*दि अर्ली हिस्ट्री ऑफ दि डकन,* तन्दन, 1960
राइस, बी.एल.	भट्टाकलङ्क देखिए।
रानाडे, एम.जी.	'ए नोट आन दि ग्रोथ ऑफ मराठी लिटरेचर', *जर्नल ऑफ दि बाम्बे ब्रान्च ऑफ दि रायल एशियाटिक सोसाइटी,* भाग 20, 1897-1900, पृष्ठ 78-105।
राममूर्ति, जी.वी.	'नाडगाम प्लेट्स ऑफ वज्रहस्त, शक संवत् 676, *एपिग्राफिया इण्डिका,* भाग 4, 1896-97, पृष्ठ 183-93।
वीरसेन	*कसायपाहुड* की जयधवलाटीका, सं. फूलचन्द एवं अन्य, मथुरा, 1944 (गुणधर देखिए)।
वेंकटरामनय्य, एन.	'राष्ट्रकूटज ऑफ मालखेड', *प्रोसीडिंग्स ऑफ इण्डियन हिस्ट्री कांग्रेस,* 8वाँ अधिवेशन, पृष्ठ 85-90।
शाकटायन	*शाकटायनव्याकरण,* अमोघवृत्ति सहित, सं. शम्भूनाथ त्रिपाठी, वाराणसी, 1971।
शास्त्री, एच.जी.	'तरसादी प्लेट्स ऑफ अमोघवर्ष फर्स्ट', *जर्नल ऑफ*

दि ओरियन्टल इंस्टीच्यूट, बड़ोदा, भाग 20, 1970-71, पृष्ठ 155-162।

शाह, अम्बालाल प्रे. *जैन साहित्य का बृहद् इतिहास*, भाग 5, वाराणसी, 1969।

सरकार, डी.सी. 'दि डकन', *दि एज ऑफ इम्पीरियल कनौज*, दि हिस्ट्री एण्ड कल्चर ऑफ इण्डियन पीपुल, भाग 4, सं. आर.सी. मजुमदार एवं अन्य, बम्बई, 1955, द्वितीय संस्करण, 1964, अध्याय 6, पृष्ठ 133-150।

डी.आर. भट सम्पादित जवखेड अभिलेख पर टिप्पणी, *एपिग्राफिया इण्डिका*, भाग 32, 1697, पृष्ठ 130, पादटिप्पणी 2।

हुल्त्श, ई. 'ए कापर-प्लेट ग्राण्ट ऑफ दि गुजरात राष्ट्रकूट किंग ध्रुव सेकण्ड, डेटेड शक 757', *इण्डियन एण्टिक्वेरी*, भाग 14, 1885, पृष्ठ 196-203।

'राष्ट्रकूट ग्राण्ट ऑफ कृष्ण ऑफ कृष्ण सेकण्ड (फ्राम कापडवंज), डेटेड शक 832', *एपिग्राफिया इण्डिका*, भाग 1, 1888-92, पृष्ठ 52-58।

'नंजनगुड इंस्क्रिप्शन', *एपिग्राफिया कर्नाटिका*, भाग 12, सप्लिमेण्ट, पृष्ठ 1-5।

परिशिष्ट

सम्राट् अमोघवर्ष : संक्षिप्त परिचय

श्रीमती नीलम जैन

सम्राट् अमोघवर्ष

पिता का नाम - गोविन्द तृतीय

जन्म वर्ष - 804 ई.

माता का नाम - महारानी गामुण्डव्वे

पत्नी का नाम - पटट्महिषी उमादेवी

पुत्र - युवराज कृष्ण

पुत्रियाँ - राजकुमारी शङ्खाखादेवी और चन्द्रकेवलव्वे

धर्म गुरु - आचार्य जिनसेन

प्राप्त विरुद- नृपतृङ्ग, वीरनारायण, शर्ववर्म, अतिशय धवल, महाराज-षण्ड, श्रीवल्लभ, वल्लभराय आदि

मृत्यु - 878ई.-880ई. के मध्य

अमोघवर्ष विद्यानुरागी बहुभाषाविद् तथा ग्रन्थ लेखक थे उन्होंने स्वयं *प्रश्नोत्तररत्नमालिका* एवं *कविराजमार्ग* (लक्षण-ग्रन्थ) लिखा। ग्रन्थों की प्रशास्तियों के अनुसार अमोघवर्ष ने गम्भीर साहित्य साधना की थी। विद्यापीठ में उन्होंने आयुर्वेदशास्त्रज्ञ उग्रादित्याचार्य, *गाणितसार सङ्ग्रह* के रचियता महावीराचार्य, से शाकटायान-पाल्यकीर्ति के व्याकरण का अध्ययन किया। उन्होंने लगभग 63 वर्ष राज्य किया एवं अन्त में राजपाट त्यागकर संन्यास धारण किया।

जैन ग्रन्थ प्रशास्तियों में नृपति अमोघवर्ष

इत्यमोघवर्ष परमेश्वर परमगुरु श्री
जिनसेनाचार्यविरचिते मेघदूतवेष्टितवेष्टिते

पार्श्वाभ्युदये भगवत कैवल्यवर्णनं नाम चतुर्थ सर्गः।।
जिनसेनसूरिरचित पार्श्वाभ्युदय काव्य
बम्बई ऐशियटिक सोसाइटी जर्नल, जि. 18 पृ. 227

विवेकात्त्यक्त राजसेन राज्ञेयं रत्नमालिका।
रचिताडमोघवर्षेण सुधिया सदलंकृति।।
इण्डियन ऐण्टिक्वेरी, जि. 18 पृ. 218

भुवनमभवतु देव सर्ववामोघवर्षः।
विध्वस्तैकान्तपक्षस्य स्याद्वादन्यायवादिनः
देवस्य नृपतुङ्गस्य वर्धतां तस्य शासनम्
गणितसारसङ्ग्रहः, महावीराचार्य श्लोक

इति वीरसेनीया टीका सूत्रार्थ दर्शिनी
वारग्राम्पुरे श्रीमदगूर्ज्जरार्यानुपालिने
फाल्गुणे मासे पूर्वाह्ने दशम्य शुक्ल पक्षेक
प्रवर्द्धमान-पूजोरु-नन्दीश्वर महोत्सवे
अमोघवर्ष राजेन्द्र-प्राज्यराज्य गुणोदया
निष्ठिता प्रचयं यायादाकल्पान्तमलिका।।
कषायप्रभृत टीका- *जयधवला*
(आचार्य वीरसेन - जिनसेन)

प्रीणितः प्राणि सस्यौधे निरीतिन्निखग्रहः।
श्रीमताड मोघवर्षो येन स्वेश्टहिनैषिणा।3।।

यो विद्यानर्धाध्ष्ठानो मर्यादा वज्रवेदिकः
रत्नगार्भो यथाख्यात चरित्र जलधिर्महान्।।7।।
विध्वंसतैकान्तपक्षस्य स्याद्वादन्याय वादिनः
देवस्य नृपसतुङ्गस्य वर्द्धता तस्य शासनम्।।8।।
गणितसारसङ्ग्रहः, महावीराचार्य कृतौ संसाधिकार।।

अरब यात्री सुलेमान के अनुसार-

भारतवर्ष का प्रत्येक नृपति स्वयं अपने राज्य में रहता हुआ भी उनका (अमोघवर्ष का) आधिपत्य स्वीकार करता था, उसके पास हाथी और पुष्कल सम्पत्ति थी, वह शराब को छूता भी नहीं था और अपने कर्मचारियों को नियमित वेतन देता था, उसके राज्य में पूजा की सम्पत्ति सुरक्षित थी, चोरी और ठगी कोई जानता थी न था। और व्यापार व्यवसाय को प्रभूत प्रोत्साहन था अरब सौदागर–(*अतीत के पृष्ठों से,* डॉ. राजाराम जैन, पृ. 4.6) अबुजैद-बलहरा सम्पूर्ण भारतवर्ष का सर्वाधिक प्रतिष्ठित, प्रतापी नरेश है और अन्य सब राजे यद्यपि उनमें से प्रत्येक अपने अपने राज्य में स्वतन्त्र है और उसका पूर्णतया स्वामी है इसकी महत्ता स्वीकार करते हैं–(*प्रमुख ऐतिहासिक जैन पुरुष और महिलाएँ,* डॉ. ज्योतिप्रसाद जैन, पृ. 135-136)

अलहरिद्धसि लिखता है– राष्ट्रकूट राज्य अनिविस्तृत घना बसा हुआ बढ़े चढ़े व्यापार वाला और बहुत उपजाऊ था, जनता अधिकांशतः शाकाहारी थी, चावल, मटर फालियाँ, दालें साग-सब्जी फल आदि उनके नित्य के भोज्य पदार्थ भी।

प्रसिद्ध इतिहासविद् प्रो. रामकृष्ण गोपाल भण्डारकर के मतानुसार– राष्ट्रकूट नरेशों में अमोघवर्ष जैनधर्म का सर्वमहान संरक्षक था यह बात सत्य प्रतीत होती है कि उसने स्वयं जैनधर्म धारण किया था।

(*कर्नाटक के जैन कवि,* पृ. 32)

अमोघवर्ष की गुरुभक्ति

अमोघवर्ष आचार्य जिनसेन जी को अपना गुरु मानता था उसने जिनवाणी के उद्धार तथा लेखन के लिए वाटनगर में एक जैन विद्यापीठ की भी स्थापना की थी, जिसके अधिष्ठाता आचार्य जिनसेन थे।

सम्राट अमोघवर्ष आचार्य जिनसेन को कितना बहुमान देता था *उत्तरपुराण* की प्रशान्ति में द्रष्टव्य है–

यस्य प्रांशु नखांशु जाल बिसर द्धारान्तराविभर्वत्।
पादम्योजरजः पिशङ्गमुकुट प्रत्याग्ररत्नद्युतिः
संस्मर्तास्वामोघाषवर्ष नृपतिः पूनोऽहमघेत्यलम्
श्रीमान्जिनसेन पूज्यभगवत्पादो जगन्मङ्गलम्

अर्थात्- श्री जिनसेन स्वामी के दैदीप्यमान नखों के किरण समूह उज्जवल धरा के समान कान्ति फैलाते थे और उनके बीच उनके चरण-युगल कमलपुष्प

जैसे प्रतीत होते हैं। उनके उन चरण कमलों की रज से जब राजा अमोघवर्ष के राजमुकुट में नगे हुए नवीन रत्नों की कान्ति पीली पड़ जाती थी तब वह अपने आपको ऐसा किरण करता था कि मैं आज अत्यन्त पवित्र हो गया हूँ ऐसी पूजनीय भगवन् जिनसेनाचार्य की चरणरज विश्व के लिए मंगलकारी सिद्ध हो। उत्तरपुराणअन्त्यप्रशस्ति, पद्य सं. 6)

संजान ताम्रपट्टभिलेख में गुणानुवाद का विस्तृत वर्णन है।

शब्दानुक्रमणिका

अ

ख

ग

च

ज

ड

त

द